序文

（今から常識では考えられないほど正直な個性の話をします）

正直なことを言います。というか、この本は徹頭徹尾「個性」に関[illegible]ことしか言うつもりがありません。と、前置きしたところで、本書も市場[illegible]いる商品の一端ですから、読者としてはある程度の手心や手加減が加えら[illegible]だろうという含みを抱いたままページをめくるのかもしれません。

ぜんぜんそれで構わないのですが、その場合電撃を浴び続ける感じに[illegible]れません。そうなった場合、それは浴びた方がいい電撃ですからどんどん浴びてください。歯医者さんが治療中に言う「これは出した方がいい血ですから」と同じジャンルの話です。電撃ですから、ある程度のショックは受けるかもしれませんが、いい電撃なのでその点は安心してください。むしろ、読後は「この電撃、もっと早く浴びておきたかったなあ」と思っていただける地点を筆者としては目指しております。

なんでかというと、それは、この本の最大の目的がビジネスではなく「電撃」だからです。もちろん出版する覚悟を決めた以上はビジネス目的も当然あるのですが、ビジネスで個性の話をするのでしたら、わざわざ電撃なんか浴びせない方がいいに決まっているでしょう。

例えば著者のつらすぎない程度に暗いエピソードで読者の感情に訴えかけ、共感を呼び込み、表面的にリアリストっぽい雰囲気の口調で語りかけたのち、最終的に前向きで、明るい、希望に満ちた、やる気とか出そうな、励ましの、自己肯定感を高めてくれるようなことを言う、そういう類型的なことをやった方がビジネス的には成功しやすいと思います。しかし、そんなことをするつもりは一切ありません。そういったビジネスライクな個性論を撲滅、壊滅、衰退、滅亡せしめんがためにこの本を書いているからです。

どうしてそんなことをするのか。

それは、個性に関しては誰も損をしてまで正直なことを言わないから。その結果、誰にとっても得がない虚空を目指して不要な精神の後退をし続ける狂おしい人々の、絶望とものの哀れに満ちた「がんばり」を見つづけるようなことになってしまい、こんなのもう本当に耐えられないと全身が張り裂けるほどの煩悶に襲われたからです。「個性」、的なるものへのひどく単純なたわいもない憧憬が、人間を手ひどく阻害している。ある人間の魂が必然の中で著しい激情を味わい、人間的な喜びへ到達する、自力で模索していくしかない重要な過程を全方位的に塞いで侵害している。その方が無難だから、くらいの理由で。

いや、昨今はあんまり「個性」とかいう言い方もしなくなってきているかもしれません。そんなに露骨な言い方で欺瞞のストーリーに巻き込まれていけるほど、人々は自分の人生が自分の手でどうにかできるという実感を抱けていないのですから。

でも、やはり一人の人間をガラスケースの中で「自己実現」という名の虚飾にまみれた悲壮な狂騒に駆り立てる脅迫的な価値観は、いま、我々が生きる世に溢れています。「個性」だとか以前ほど表立って言われなくなった分、それに対する信仰と執着はますます不可視になると共に過激化しているのではないかと思えるほどです。

それは例えば、「多様性」だとか、「自分らしさ」とかの「特にがんばってないけど生まれつき宝石でした。そうでない人はごめんなさい」という、より残酷な思想を暗に含んだ表現によって人々をある方面に、常に脅迫的に駆り立てています。そういうことを言う（主に広告代理店やインフルエンサーの方なんかが多いと思うのですが）主体は、人の幸せのことや、人間にはそれぞれ限られた人生の時間があり、それを全力でまっとうした後は全員死んでいくしかない、みたいなことを全く理解していません。

彼らは目の前の人の人生なんかに興味ありません。今、この瞬間の人間の心を拘束し、コントロールし、少しでも自分の評判や生存が瞬間的に有利な方向へ突き動かしていく、原初生物的発想しかありません。別にそれはそれでいいんですけど、なぜならそういうことをやっている人々も、それはそれで生きるために必死でやっているに違いないからで、それを邪魔する権利も誰にもあるわけではないのでいいんですけど、でも、誰もなんにも言わずにただただ黙って、希望やまだ知らない世界への興奮に満ちた命が底知れない虚無の底のようなただただ光のない穴に、音もなく、

スーーーーーーーッ、
と落ちていくのを、
それも無数に、次々に、
まるで種全体として滅亡を希求するように、そうしていくのを

誰も、
何も、
言わずに、
見ているんですか？

それは、果たして
人間として、
ふつうに人間として
どうなんですか？

と、筆者としてはこのような、崖から落ちながらものごとに対峙するような強靭な心構えがありますから、遠慮なくバリバリと、もう、縦横無尽に電撃を浴びせにかかれるというわけです。どうですか。読みますか。読むのも読まないのも自由です。

自由に選んで、死に至るまでできる限り必死に生きるしかないのだから我々は

（正直個性論　目次）

〈第一章〉

「個性」

「好きなことで生きていく」という脅迫

2017年ごろでしょうか。

「好きなことで生きていく」

というポスターが、駅構内に張り出されているのを見て辟易しました。
まだ、我々はそんなことを言われなければならないのか、と。

例えば、エステサロンの広告に「ツルツルの体で生きていく」だとか「どこからどう見てもフサフサの毛髪で生きていく」などのコピーが掲載されていたら、かなりいやな感じ、ご飯に砂を混ぜて噛んだような後を引く不快さが生じるんじゃないか。なぜなら、これらのコピーは「体毛が生えまくってる人って終わってるよね」「毛髪がフサフサではない人類は人権剝奪されても文句はいえないよね」といった脅迫を言外に有しているものだからです。考えてもみてください。フサフサの髪とハゲ、ボサボサの体毛とツルツルの肌。この二者を社会的な価値基準で見たとき、一方には恣意的な価値付けがなされていて、他方は無価値とされている。これは、内実はただの「自慢」行為でしかないのに、あたかも「常識」であるかのように振る舞うことで、より効果的に（より深層の意識を圧迫し揺さぶりをかける形で）人々の行動に影響を与えることができるという仕組みの広告テクニックです。きっといやな感じの人が考えたのでしょう。

図1-1　いやな感じの人

「好きなことで生きていく」というコピーもまた、一見ポジティブそうな打ち出しでありながら、特に好きでもないことをやって生きている人々を等しく脅迫し、取るに足らない小市民、下級国民として位置付けるフレームとして機能している側面があるのではないでしょうか。

これは、裏を返せば、

「好きでもないことで生きているあなたって、一体なんですか？」

（＝取るに足らない路傍の石・ゴミクズ・芥以下です）

という脅迫です。むしろ、明確に脅迫の体裁をとっていない分、たちが悪い。一見まろやかな語り口調であるからこそ、ジワジワ意識下に入り込んでくる。特に真面目に働いてもワーキングプア一歩手前、というか実質その渦中にあるんだけど貧しさのハードルを上げ続けることで観念上の「普通」を甘受するしかなくなっている若年世代がこれを見て受ける精神的影響には計り知れないものがあるんじゃないでしょうか。

しかしまた、どうしてこうも「個性」に関する言及ばかり野放しになっているのか。理屈で考えてみるとずいぶんおかしいのに、どうにも反論しづらいのはなぜか。

それは「個性」とはその前提を問わず素晴らしいもの、あればあるほどよいものとされているから。無条件に信じられ、否定してはいけない人間存在の砦のような扱いになっているから。

だからといって、呑気な顔で無防備な人の心を脅迫し煽り立てている。結果として「何か個性を表現しなければならない、好きの力を発揮しなければならない」「平凡な自分に価値はない」と考えすぎて苦しんでいる人が多いのではないかと思うのです。

「好きなことで生きていく」というコピーは2014年から不定期に行われたYouTubeの広告キャンペーンで使用されたものです。しかし冷静に考えればわかることですが、YouTuberは別に「個性」を発揮して、また「好きのパワーを爆発させて」収益化をしているわけではありません。収益性が取れる程度に需要があり、必要経費と収益性のバランスが良く、自分がそれなりに興味がある領域の中から採算が見込めそうな内容を試行錯誤しつつコンテンツ化しているだけです（「だけです」というか、かなりすごいことをやっているのには違いありませんが）。

だから結果としては、プチプラコスメの紹介やユニクロの着こなし、コンビニ新商品の紹介などがよく見る定番の内容になっているわけで、これらが特別嫌いな人はそんなにいないと思いますが、自己の存在理由や尊厳をかけるほど好きで仕方ないという人も別にそんなに多くはないんじゃないでしょうか。むしろ、コンテンツの強度をより高めていくために意図的に取り上げる分野を好きになろうと自己洗脳の努力をしている人の方が多いくらいでしょう。

その点を踏まえると、実質やっていることは**「好きなことに殺されている」**と言った方が近いくらいです。顧客を満足させて価値を創出し対価を得るという意味では、やっていることは社会一般と大体同じです。だって、乗っかっている土台の評価軸やシステムが同じなんだから。強いて言えば夕方くらいに起きても業務に差し支えが出にくいとかはあるかもしれませんが。

前提として、YouTube というメディア自体が無料で会員登録の必要もなく手軽に観覧できる代わりに一再生数あたりの対価は少ないという広く浅くを志向するプラットフォームですから、個性の発揮には不向きであるということが言えます。

つまり、

「好きなことで生きていく」

というコピーは、YouTubeのマーケティングの都合上用意された素敵な作り話にすぎないのです。それでは、どういった潜在的需要を元にコピーが用いられているのかというと、それはやはり、

・「個性」を発揮して生きていきたい
・何かが好きな自分として有名になりたい
・人生をオンリーワンでやっていきたい

という自己実現的なるものへの切実すぎる願望、果てしないドリーム、尽きるこ

とのない憧れから来ているのは間違いありません。

しかし、個性というと、辞書的には「個々の人や物をそれぞれ特徴づけている性格」というくらいの意味しかありません。なんだかこのプレーンな意味の土台の上に、ずいぶん多くのトッピングやフレーバーが載りすぎているような気がします。また「個性」という言葉を気軽に使っている我々も、どこまでが土台でどこからがトッピングなのかわからなくなっている、そのせいでずいぶん話がややこしくなっている、そういうフシがあるように思います。

「そもそも個性とは一体なんなのか」この大前提の問いを我々は追う必要があります。また、個性という言葉では包摂しきれない切実なニュアンスで用いられている夢のトッピングについてもその内実を詳細にあらためて明らかにしなければなりません。

この問いを掘り下げていくにあたり、個性という言葉に過剰なフレーバーが盛り込まれていった主犯格ゾーンこと平成に遡る必要があります。**この時代の教育思想・経済が相互干渉して生まれた、矛盾の総体である「個性」**は、いったいどのような社会理念や理想像に裏打ちされていたというのでしょうか。

ゆとり育ちの個性富豪 a.k.a. 自分らしさ

まずは簡単に筆者の自己紹介をさせてください。私は1988年の末、つまり昭和が平成に切り替わる直前に産まれました。いわゆる「ゆとり世代」です。ゆとり教育とは詰め込み式の受験教育への反省から「一人一人の個性を尊重し、学問以外の側面にも人としての価値を認め尊重しよう」という指針から取り入れられた教育方針なので、特に義務教育の範疇では盛んに「個性」というものが叫ばれていました。その中で私は「個性」に極めて恵まれた、いわば個性富豪の人生をやってきました。幼少からやることなすこと一挙手一投足を「個性的」と評され、「存在がアート」みたいなよくわからないことを言われ、そのせいで自分ってアートなのかなという勘違いをしてしまい美術大学に進学したり、あとはすごいものではないのですが個性を評価されるオーディションで個性を評価されてグランプリになったりもしました。

個性富豪を自慢だと感じてムカついた方がいたら誠にすいません。読み進めていただければわかりますが、これは全く自慢ではありません。なぜなら個人的な所感としては、個性で得をしたことはそんなにないからです。

どういう仕組みで個性でそんなに得をしなかったのでしょうか。

前述したように私が学生だった時代は特に個性というものが過大評価され実際にそれがもたらす効果・効能より大きな効力を発揮するものだと信じられていました。冷静に考えると、個性的だからといって無試験で東大に入学できたり同世代よりも沢山お金を稼げたりするということはないのですが、勉強ができる能力や高い専門性を有する職能よりもさらにワンランク上の高級アビリティーのような扱いをされていたのです。だから自分の場合も個性を発揮して生きていきたい、というよりも、せっかく個性があるんだからこれを発揮して生きていかなければ人生全体がマズイことになるんじゃないか、という実際の効能よりもワンランク上の勘違いをしてしまっていたのです。しかし大いなる虚妄の渦中、台風の目のような真空の最中にいたせいで、それに与えられる評価が実態のない空虚なものだとありありと理解できてしまった。ありていに言うと「ぜんぜんだめだこれは」と思いました。これが私の身上に様々な苦労を引き起こしたというわけです。結果、いつも「普通」が羨ましいという気持ちを心の奥底とほぞのダブルで噛み締めていた部分がありました。

しかし、この場合の「普通」も要は「個性」同様、本来の意味の俎上に様々なフレーバーが盛り付けられた「ドリーム普通」なのです。そういうことには憧れている段階ではぜんぜん気がついていませんでした。その意味では、トッピングを盛り付ける土台が異なっていただけでやっていることは同じなんですけど、無駄な苦労が多かった分、見えてきた側面もあります。そういった側面については主に後半で述べることにして、まずは「個性」という言葉に盛り込まれた過剰な文脈の背後にあったものについて考えていこうと思います。

ナンバーワンよりオンリーワンだ？

２０００年〜２０１０年ごろ（正確には狭義のゆとり教育が実施されたのは２００２年〜２０１０年とされています）は、円周率が「３」というセンセーショナルな見出しで口火を切った「ゆとり文化」が大いに花開いた時代です。というには全体に線香花火のようなしょぼさがあったかもしれませんが。「個性」という言葉に多くのドリームフレーバーが投入されていったのは、主にこのあたりの空気や文化だと筆者は考えています。

同世代の方は思い出しながら読んでいただければと思います。当時の流行歌でいえば『世界に一つだけの花』（この楽曲はゆとり教育が開始された２００２年にリリースされています）、『Ambitiou Japan!』など、学校の黒板の上には「ひとりひとりが輝くみらい」「百人百色」などの個性尊重系スローガンがしきりに掲げられ、全体的に「競争社会の中で忘れてしまったなにかを回復していこう」というメッセージが、具体的になにを取り戻したらいいのか、誰も何も理解していないまま推し進められていたという状況がありました。

要するに「個性」という土台に載っている「なにか」がなんなのか、出発地点から誰一人として理解していなかったのです。このようなアヤフヤな政策が推し進められた背景には「地下鉄サリン事件」を筆頭に広がった90年代の社会不安への反省からくる「もっと内面的な充実や幸福に目を向けた方がいい」というフワッとした社会一般の論調があったのでしょう。

本来はそういう論調の中で「なにが充実や幸福なのか」という追求をしなければならなかったのですが、バブル景気というビッグウェーブが去った余韻の中で、お金と消費活動以外にどんな幸福があるのか、よくわからなかったんだと思います。もっと正確に言えば、なんの幸福も想定できない内心の空虚なスペースを直視するのが怖いので、とりあえず一旦目を逸らして保留にしておいた感じです。2004年の「イラク日本人人質事件」を契機に「自己責任」という言葉が流行しましたが、これと並走するように幸福や充実についての考えも個人にお任せしますというニュアンスを込めて「個性」という言い回しが多用されていました。

だから、個性尊重の教育を施す側も「幸せは個人の裁量で自由に判断してください。それが民主的な政治を行う自由主義陣営が理想とする社会だから」以上のことは言いようがないというか。「個性」は「個性」だから大事なんだ、とまさにお役所仕事的に指示された建前やスローガン（苦肉の策として）を生徒に鵜呑みにさせている印象を受けました。

当時ゆとり世代を象徴する流行として、『ビリギャル』『ドラゴン桜』『女王の教室』などの「ボンヤリ生きていた落ちこぼれがエリート教育の発想に触れる」という物語が注目されました。これらは「ゆとり教育」という偽善的スローガンでは解決しない問題、**つまり教育現場では建前上良いものとして丁重に扱われている「個性」では特に人生がよくならない**という現実的問題からくる社会的要請に従って生み出された物語だと考えられます。

『ドラゴン桜』の中に象徴的なセリフがあります。

「ナンバーワンにならなくていい、オンリーワンになれだぁ？　ふざけるな」
「オンリーワンていうのは、その分野のエキスパート、ナンバーワンのことだろうが」

このセリフが何を言っているのかというと、要するに「どれだけ世間が自由を尊重してくれると言っていても自力でも頑張らないとダメだよ、自由っていうのは頑張るかどうか本気でやるかどうかを選択する自由のことだよ、社会のありようがどうであっても自力で頑張らないクズはクズのままだよ、いい加減にやっているといずれはごまかせなくなる時期が来るよ」ということを角が立たない形で懇切丁寧に吹き込んでくれていたのだと思います。このような作品を見て「本当にそうだな」と高校生くらいの段階で気がついたクールな人も多々いたんじゃないかと思いますが、筆者はそこまでクールな感じではなかったので当時は気がつくことができませんでした。

天才以外、自己責任

このように、当時の学校教育では詰め込み式教育への反省として「個性」が尊重されていたものの、そこで扱われる「個性」の内実は明確な定義がなく、

「誰もが生まれながらに持つ掛け替えのない才能」

という、かなり曖昧な意味合いで用いられていました。

そのせいで、「才能を評価する」ということはつまり他者と比較し差異を価値づけるということであるにもかかわらず、「他者との比較をせずに（絶対評価）、本人の独自性、固有性を認める（本来は相対的に評価されるはずのもの）」というよくわからないことが起きていました。

「あなたは生まれてきただけで掛け替えのない素晴らしい人間」というメッセージは確かに親や養育者にとってはそうなんですけど、世の中的には残念ですが、そうではあり得ません。悲しいことですが替えはいくらでもあります。というか、社会

一般においてはむしろ替えがいくらでもあるメリットの方が大きいのでシンプルにそれは享受しておいた方がいいのです。学生の多くが「自分の存在は社会一般にとっても普遍的に替えが効かない」と学校教育で思い込まされていたせいで、この時期は大学生のブラックバイト（バイトの責任を大きく超えた過剰な労働や無給の残業の強要、ノルマ達成のための自腹購入の押し付けなどを受け入れてしまう不合理な状況）が流行してしまいました。

ふつうに、自分という存在は誰かにとっては掛け替えがなく、また別の誰かにとってはそうではないという相対的な状況を認識する視座を育んでいかないと自分なりの性質を活かして社会の中で独自の活躍することは難しいのですが、そういう視点が丸ごと抜け落ちてしまっていた。問題の根本はこれでないかと思います。

現代であればこの絶対評価を全ての評価軸に建前上敷衍するために用いられるワードが「多様性」になっているのでもう少し無理がない解釈もできるのですが、「個性」という概念には、能力を価値づける社会からの等しい逃れがたさへの視点や言及がなかったのです。

またバブル経済崩壊を経験した直後の日本社会では経済的価値以外の人間的価値や、そもそも価値がないものに意味や意義を見出すという視点が脆弱になっていたので、

「経済的評価を生み出せないものにはそれ自体の価値を見出せない」

という問題を抱えていました。これは2020年代の現在もそうかもしれません。

そのために、

「個性=なんらかの生きる手段を構築するための、スキルや技術」

という意味付けが発生しフレーバーの一つとして「個性」の皿の上に盛り込まれました。このようにして「個性」とは一般的に職業選択とセットで考えられるものとされるようになったのです。

つまり「個性」は、他者との比較がなされずに評価される「その人だけの掛け替

えのない才能」とされながらも、どれだけ経済的価値を生めるかで常に他者との競争を強いられる「就労」の場でのカードにもなるという、矛盾を孕んだ概念のまま、世の中に浸透していったのです。この価値観にさらに先にも述べた「自己責任」が付随し、

「個性を発揮して自分らしい職業に就労し輝けなかった場合自己責任」

という、冷静に見たら「いったい何を言っているんだ！」としか思えない文脈が「個性」という二文字に盛り込まれていきました。これがのちに「好きなことで生きていく」というコピーが特に違和感なく受け入れられる状況の布石になっていったのだと思います。こうして一行の文章にしてみれば、どう見ても破綻した内容としか思えないのですが、このような考え方は当時はむしろ先進的な考え方として前向きに捉えられていました。

平成中期から後期にかけての「個性」ストーリーの変化

当時（平成中期、2002〜2007年ごろ）の文脈で最もわかりやすい「個性」とは、ストーリーにまとめるならば、以下のような感じです。

○平成中期の理想的な「個性」の発揮モデルストーリー

偏差値が高い進学校でいい成績を取っていた人物が「このままでいいのだろうか」と人生に疑問を持ち、改めて自分の好きなことや人生について振返ってみたところ、幼少期に職人だった祖父がやっていた、屏風に箔押しをする手仕事が大好きだったことを思い出した。彼女は夏休みを利用して祖父を訪ねた。当時の店は既になくなっていたが、道具は残されていた。彼女は成績が良かった高校を中退し、祖父から技術を受け継ぎ、当時使われていた古民家を改装して伝統工芸を今に受け継ぐ取り組みを始めた。インターネットも活用。珍しい女性オーナー。ビンテージデニムに箔押しをして話題、テレビ東京の経済ニュース番組ワールドビジネスサテライトの「トレンドたまご」のコーナーで取り上げられてもっと話題。

これは相当完璧な文句の付けどころのない平成中期的「個性の発揮ストーリー」ではないでしょうか。これだったらワールドビジネスサテライトのみならず、ありとあらゆるワイドショーに模範として取り上げられること請け合いです。このストーリーの要点を以下に列挙します。

○**「個性」チェックポイント**

・型通りの人生に疑問
・「偏差値」を捨てる
・幼少期の経験から「好き」を発見
・好きを仕事に
・伝統を引き継ぎ、新しい価値観を持ち込んだ上で継承する

・インターネットを活用
・女性、障害者、若者などの社会的弱者が飛び道具で活躍している感

これこそが模範的な平成中期の「個性」の発揮ストーリーと言えるでしょう。

では、平成後期（2007〜2013年頃）ではそれがどう変化したのか、模範的な「個性」の発揮ストーリーを考えてみます。

○平成後期の理想的な「個性」の発揮モデルストーリー

発達障害傾向があると診断され学校に折り合わず、不登校を重ねた少年がある日父親からパソコンを与えられた。それから彼は、インターネットやプログラミングに没頭するようになり、高校生で企業。新しいITサービスのプラットフォームを独自に開発し、2年で事業規模が2000倍に成長。株式上場し、会社を売却し、宇宙開発事業に投資。念願叶って月に降り立つことが経済ドキュメンタリー番組、『ガイアの夜明け』で取り上げられる。

○「個性」チェックポイント

- 「型」にはまることができない
- 社会不適合傾向、勉強ができない
- ある日突然、自分の才能を生かせる「何か」と出会う
- 10代で企業
- のめり込み、急成長
- 企業を売却して（さほど面白くはない）ロマンを叶える

平成中期型のモデルストーリーが全て後期型のモデルストーリーに置き換わったということはなく、どちらもイメージモデルとしては両立しています（例えば平成中期型の個性的ストーリーを後押しするウェブサービスとして「マクアケ」というクラウドファンディングサービスが成長しているなど）。

しかしながら、例えば『少年ジャンプ』などの少年漫画の主人公が「努力・（両親

の能力や志などを）継承・みんなのため」が標準的だったところから「天才・突然変異（社会ハック）・自分のため」に変化しているように、平成中期的な「努力・継承」モデルの個性ストーリーよりも平成後期的な「天才・突然変異」モデルの個性的ストーリーの方が現代においては圧倒的に親しまれていると言えます。

努力型の個性の発揮ストーリーは、一応は全ての国民に対して平等に与えられた「（給与所得者以外の）個性への開かれた可能性」を念頭に練り上げられた夢物語の一つである為、物語の主題が「型にはめられた生き方とは違う可能性を模索して到達する（周囲の理解や協力もあるよ）」という形で、「気付き・発見」に重点が置かれています。また「気付き・発見」に至る過程やその後についても、地道な努力が鍵となっています。

反対に、天才・突然変異型の個性的ストーリーは、突然開花した才能を問う物語です。ブレイクスルーも「突然の出会い」によってもたらされます。

特に重要なのは、物語の根幹が「世界の中に可能性を見つける私」から「私の中の才能・可能性を見つける世界」という形に主客が入れかわっているという点です。

本来「個性」とは本人の才能や能力のレア度をチェックする指標ではなく、「結果以外に過程や考え方も重視する指標（ゆとり教育指導要領）」として導入されたものです。つまり、画一的な評価軸に対して疑問を投げかける猶予を与える装置としての「ゆとり」です。それは、本人が保持するスキルの資産価値を問うものではなく、「持っている特性をどう活かすのか」という判断に広がりを持たせる為のものだったはずです。

しかしながら、「個性」が資産として有効かどうか、という問いの強度は、スマホの普及、SNS、市場のグローバル化により強度を増し、今日では趣味やライフスタイルの領域にまで、

それが「市場価値」として機能しうるか？

という問いを突きつけるようになっています。

「個性」から主体性や批評性が剝ぎ取られ、それがどの程度有用で商業的価値、話題性、レア度を有するのかと判断される基準になったのです。であれば、従来的な努力や利他的行動原理によって生じた、周囲からの「個性の受容」というタイプの個性実現ストーリーは実現しにくいものに当然なるでしょう。なぜならばそれは市場原理から離れた「絶対評価」の中で見出されるものだからです。

キラキラネームで一発逆転はできない

この「個性」の物語化と並走するようにいわゆるキラキラネームが流行しました。キラキラネームとは文字通り、唯一無二の個性が輝く非凡でカッコいい名前のことです。代表的なキラキラネームとしては、創作物の人物名ですが、漫画『DEATH NOTE』の『夜神月（やがみ らいと）』が挙げられます。

キラキラネームはゆとり教育や平成の経済の停滞に伴ってより顕著に見られるようになりました。努力や利他性では個性を発揮できない平成生まれチルドレンの親にとっては子供が生まれた時点で特別な才能や商品価値を備えた選ばれしものである必要があったからでしょう。

名前をキラキラにしたところで本人がキラキラになるわけではありませんが、天才以外は自己責任になってしまう状況でそれくらいしかできなかった名付け側の気持ちもわからなくはありません。このようにして平成中期から後期にかけて、「個性」という矛盾を孕んだ概念が浸透し、「特別な人間が奇抜な名前をつけられて奇抜に振る舞い社会に見出されてブレイクスルーを達成する」という不可解なストーリーが広く親しまれるようになったのです。

鬼滅の刃はなぜあんなにヒットしたのか

という謎について私は考え続けていました。

ここで取り扱う「なぜ」とは主に思想的側面のことです。

爆発的に大規模に流行する作品というのは意図的であれ偶然であれ、結果的に背負わされてしまったものであれ、必ず時代背景や世代の感覚を象徴するような大きな思想や問題意識が虚構の核になっているのですが、『鬼滅の刃』にはこれが見られない。

もしかしたら、特定の世代や感覚を持っている人にだけ読み取れるシグナルのようなものがあるのではないかとも考えたのですが、複数の『鬼滅の刃』に熱中した人に詳しく熱中した理由を尋ねても明確な理由は返ってきません。それどころか、聞けば聞くほどなぜヒットしたのか余計にわからなくなってしまいました。なぜなら熱中した本人も熱中した理由がよくわかっていないからです。

細かく好きなシーンやキャラクターについては答えられるが、どうして熱中しているのかについては自分でもわからない。理由がない。

これが熱中した人の共通の回答だったのですが、（極個人的な）調査を続けるに連れて、むしろこれこそがメガヒットの理由だったのではないか、と考えるようになりました。

「個性」が通用しなくなった

『鬼滅の刃』のメガヒットについて考察する為に、同じく『週刊少年ジャンプ』に掲載され社会現象を引き起こしたヒット作『DEATH NOTE』について考えてみることにします。

なぜ『DEATH NOTE』について取り上げるのかといえば、同じ『週刊少年ジャンプ』に掲載され若年層を中心に人気が爆発し、世相を大きく反映しつつメディアミックスによって一時代を築き上げたという単純な共通点の他に、比較する上で対照的に現れている世代感覚や背景が見られるからです。

そもそも『DEATH NOTE』という作品は、多くの人がご存じの通り、「名前を書くことで人を殺せるノートを拾った主人公が、新世代の神になることを志し、警察組織などと頭脳戦を繰り広げる」というストーリーです。

主人公の夜神月（やがみ らいと）は当初受験生で全国模試で1位の成績を取るほどの秀才です。彼は殺人《デス》ノートを拾ったことで「新世界の神」を志すことになるのですが、手段はテレビで報道された犯罪者の名前をノートに記入して殺すというだけのあまり工夫のない方法。正直なところ、制度的な世界の管理・運営方法に興味があるとは思えません。単にわかりやすい方法で自己表現したと考えるのが妥当です。

つまり、夜神月は実際に何か世界を具体的に変えるというよりは文字通り「新世界の神になる」ことが目的だったのではないか。それは、

「突出した才能を示し唯一無二の存在感を示す」

ということであり、言い換えれば**「個性」を爆発させて全世界に知らしめる**ことが目的です。

当時の少年漫画は主人公は利他的に行動し、世界を良い方に変化させることで存在意義を獲得していくものが大半だったので、ここまで潔い利己的かつ自己中心的な主人公は斬新でした。利用できるものはなんでも利用し、その為にポテチを食べながら一文字一文字丁寧に書き込んで殺人をするなど、第三者から見れば面白くなっていても構わないという徹底した姿勢には爽快感がありました。同時に、終身雇用制度が崩壊し始めなにか個人の特性を活かして特別なことをしないと生き残れないようなサバイバル的風潮を感じていた若者から大きな支持を得ると同時に、時代のピエロ的寵児としても大いに愛されました。

因みに『DEATH NOTE』連載当時はスマホが普及していない、どころか国内でiPhoneの販売すらされていませんでした。SNSについても「mixi」のサービスが連載中に開始し一部の人が利用していた程度。それも当初はパソコンでログインすることしかできなかった上に招待制です。現在のように地域、文化、友人コミュニティーや情報インフラとして機能しているということは全くなかった状況です。

したがって、夜神月が作中で強調する、

「新世界の神になる」

という目的は共感できる余地があったというのが実態です。

ナンバーワンよりもオンリーワン、オンリーワンということは突き詰めるとそれはナンバーワン、いわゆる神であるという、生き残りを賭けたワンチャンスの個性と受験戦争が悪魔融合した『ドラゴン桜』を地でいくような「個性」信仰が機能していたからです。

夜神月が神になる一方で、炭焼きの少年はといえば…

『鬼滅の刃』は誰しもが知っている大ヒット漫画、及びアニメ、映画としても派生した作品です。

主人公、竈門炭治郎（かまど たんじろう）は山奥で炭焼きの家業を営んで細々と暮らしていましたが、ある時鬼に襲われて家族がほぼ壊滅。何とか生き残った妹は襲われた際の事故で鬼になってしまいました。竈門炭治郎は妹と共に鬼を滅ぼすこと、妹を治療することを目的に旅立つことになるというのが大まかな導入部のあらすじです。

『DEATH NOTE』と比較するとまず気になるのがそもそもの物語の素朴さです。近年最大のヒット作とは思えないくらいにシンプルで、昔話のような作りになっています。

まず主人公の名前が「竈門炭治郎」です。職業がそのまま名前になっている。それも彼自身が選び取ったものではなく家業として、生まれついた瞬間に身の回りにあったものです。火の番をするキャラクターといえばひょっとこが思い浮かびます。ひょっとこは元は火の神でしたが、養育者の老夫婦に報いる為に懸命に火を焚いたせいで口がタコのようになってしまった。ひょっとこが懸命であればあるほど傍から見れば面白くなってしまうというシブく味わい深い三枚目の設定のキャラクターです。かまども炭も、どの家庭にもあるもので極めてありふれている。

夜神月が特別なこの世に一つしかないものを詰め合わせて作られた誰にも負けないキラキラネームを背負って最高の個性の寵児として現れたのと比較して、竈門炭治郎は名前からして自己表現をしたい、自分らしく生きたいという欲求がほぼ感じられません。作中で長男であることが明らかになっているのに「じろう」という音の名前であるのも変な話です。

なぜ竈門炭治郎は夜神月のように個性的になろうとしないのか。

それは、**既に若い人の間には個性的になろうとしている人があまりいない**からではないかと考えられます。

「個性」とかいうバレバレの嘘

先日大学で講義をした際に、近年ではSNSがインフラのように機能している為に従来的な形で「個性」を示すことができなくなったという話をしました。

なぜなら唯一無二と思われたものはSNSに掲載された瞬間に全世界と比較され、万が一それがまだ見ぬものであったとしても一瞬のうちにコピーアンドペーストされて普遍的になり、バズったら翌月には中国で大量生産されるくらいのことになっているからです。こういった背景があるのに唯一無二の個性が自分の中のどこかに存在しているからそれを今からレッツ探そうと考えられる方がどちらかといえばポジティブすぎて頭がおかしいような感じがします。

そもそも「個性」という、

「人それぞれ掛け替えのない無二の特別なギフトや特徴を持っていてそれを探し出して出会うことで自分らしく、解放された素晴らしい人生を送ることができる」

という物語が虚構であって、それを丸ごと真に受けていた人もいるとは思いますが、心から全てを信じ込んでいた人がどれくらいいたのかは謎です。うっすら欺瞞の匂いを感じつつも、まあそれが最も角が立たなくて都合が良いというか、最大限他者を侵害せずに人が自立に近づくことができる取り敢えずの建前として立て付けの悪い玄関のつっかえ棒のようにしていたに過ぎません。世界で一人とは言えなくても人間にとっては目に入る範囲が世界ではあるので町内1位、もうちょっと妥協してクラスで3〜4位くらいまでであればとりあえず個性ということで言い張っておこう。特別な害があるわけではないし。そうやって、桃太郎・さる・いぬ・キジがそれぞれ3人いる桃太郎のお芝居をクラス上演しているくらいの立て付けの悪さでまあまあやってきた。末期に至ってはそれくらいどうということはない雑な虚構でした。社会に抑圧される個人を解放するという意味合いではそれが極めて切実だった時代でもあるのですが極度に陳腐化してしまった現代においては、玄関自体が取り払われて誰も使わなくなったのでつっかえ棒をそこに刺しておく意義が感じられないのが当たり前です。

したがって、学生さんの反応はかなりクールというか、そりゃあそうだろうといった雰囲気で平然と「個性」なき世界を受け入れているように感じられました（これは私の主観ですが）。

筆者の私自身は、個性を尊重することが何より重んじられるゆとり直撃世代なので、このクールな反応は実際に見るまでは予想していなかったものでありました。建前とはいえ建前なりにある程度の常識の屋台骨を支える構成要素としては機能しているだろうという考えが裏切られたような形です。

じゃあ何が、「今」

これらの現象について考えると、『鬼滅の刃』の大ヒットについて見えてくる側面があります。

『DEATH NOTE』を「掛け替えのない存在（になろうとして失敗した）」物語とすると、『鬼滅の刃』は「掛け替えがありすぎる物語」とも言えます。

宇宙戦艦ヤマトの主題歌に、

誰かがこれをやらねばならぬ（↑私しかいません）

という歌詞がありますが、『鬼滅の刃』は逆説でもなんでもなく素直にこれをやっている感じ、誰かがやらなければいけないから私がやりましたという感じがあります。

社会の存亡にかかわる義務感もなく唯一無二の個性の発露もなく、じゃあトレードオフで手に入れたものはなんなのか、それは、

「主体性の放棄とそれに対する徹底した受容」

ではないかと私は考えています。

『鬼滅の刃』は人間に害をなす存在についても明確に「悪」一辺倒という描かれ方はしていません。彼らにも彼らなりの事情があってこちらにもこちらの悲しい事情があり、全ての生きとし生けるもの達が大変であってもののあわれ、その渦中で懸命に生きておりますし罪なきエモーショナルが千々に乱れては発生しておりますという感じ。誰も悪くないし、主体的責任も発生しづらい世界。

近年、郷愁を誘うような共感を表す言葉として「エモい」という語彙が特にSNS上で頻繁に用いられますが、この語彙の使用には2つの利点があります。

[1]感情を唯一無二のものとして他者と差別化する必要がなく、ありふれたものであることが織り込み済みである為に気が楽

[2]目の前の私にとってというよりは、共通体験としての感性の発露である為に主体性が希薄である。したがって、主体責任を負う必要がない

SNS上では特に[2]の効用が期待されているのではないかと考えられます。

他に主体責任を負わずに済ませられるSNS慣用表現として、

・推し
・巨大感情
・怒られが発生する

などの言い回しが散見されます。

どうしてこのような表現が定型化するのかと言えば、ＳＮＳ上のみならず、社会全体の空気として

主体性を発露することで生じるデメリットがあまりに大きすぎる

からです。

「責任」という名の最悪の罰ゲーム

「個性」という立て付けの悪い建前が急速に陳腐化していく水面下で同時に進行していたＢＡＤな現象として、「責任」という概念の曲解・無断転用・誤用の集大成として巨大な罰ゲーム空間が発生してしまったというものがあります。

本来「責任」とは、当人の裁量で選択された自由の大きさに伴って本人が背負わなければならないものです。ところが、立て付けの悪い建前の「個性」のストーリー上においては全ての人間が分け隔てなく、等しくオリジナルの「個性」を発揮しなければなりません。

本来はそんなことはあり得ないのですが、理想論として「個性」を発揮できない人間が存在しては社会運営上の根本的な建前が崩壊してしまうことになります。

そうなると、個人の自由だけが肥大化し責任については矮小化されます。結果として個人の裁量としての「自由」と「責任」というバランスのとれた考えは失われ、

全ての人は無条件に「自由」であり、したがって「自由」が発揮できていない人物は「無責任」である

という、なんの整合性もない結果論が白昼堂々まかり通ってしまう。つまり、(運よく自力で)「自由」を獲得できた人物は「自立した真っ当な個人」であって、「自由」を発揮して生きることができなかった人物は「無責任」であるという、無茶苦茶な暴論が成立してしまっているのです。

ここで言う「無責任」とはたんにツイてない人のことを指しているように思われてなりません。

自由に生きたいのであれば相応の責任を負うべきだし、自由に生きなくてもいいならどちらの荷も背負わないという態度のはざまで個人の裁量に基づいた選択がなされるべきですが……。

現状は、

1 「責任」を放棄したいので無理にでも必死に「個性」の実現を成立させようとする人

（個性で生きていく系のオンラインセミナーの会員になる人など）

2 アンラッキーなハズレガチャの当選結果を引き受けないために主体性を放棄する人

（「推し」への「巨大感情」に「怒られが発生」して「エモ味がある」人など）

のどちらかに緩やかに二分しているし、言ってしまえばどちらも不健全です。

じゃあもう私たちは夜神月になりたいなどと思っている場合ではないのか。新世界の神を目指す余地は皆無なんでしょうか、という問題について次章で真剣に考えてみることにします。

〈第二章〉

個性＝平凡

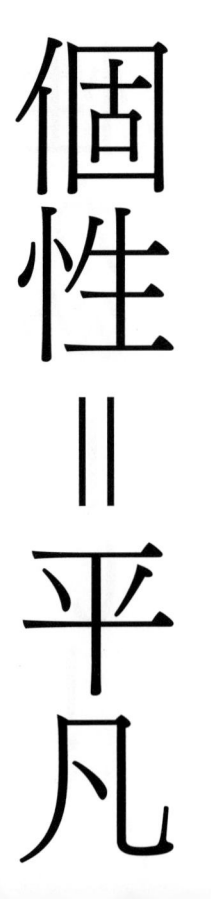

それでも個性が欲しい！

前章では平成のゆとり教育の中で「個性」という皿に盛り付けられたフレーバーがいかに過剰な受け止められ方をしてきたのか、についてお話ししました。

この章では「過剰なトッピングが盛り付けられていないプレーンな個性の実態とはなんなのか」という核心にいよいよ迫っていきます。筆者が思うに、**個性とは「だし汁」**のことです。だし汁というか、だし汁がよく染みた大根やはんぺんにしみじみ感じる「あじわい」こそが髄《ずい》です。

突然『美味しんぼ』みたいなことを言い出して、筆者は一体なにを言っているのか。グルメ評論がしたいのか。違います。ようするに、人間をおでんにたとえた場合、「個性」とはもち巾着やごぼうのベーコン巻きなんかの具材のレア度、それ自体の珍しさ、斬新さを指していると思われがちです。しかし、実はおでん全体の中で「だし汁」こそが「人間は一人一人が個性を宿した無二の存在なのだ」と我々の情念に直感させる実相、それ自体を成しているのではないかと筆者は思うのです。

個性は「だし汁」が染みた「ハンデ」

冒頭でもお話ししましたが、筆者はことあるごとに「個性」を褒められてきました。もしかしたらそれは、気づかいからくるなぐさめの言葉だったのかもしれません。しかし、たとえそうだったとしても私自身は個性があるからといって実際に「得」をしたことはあまりないんじゃないかと思っています。

なぜそんなに得をしていないと言えるのでしょうか。それは、いわゆる「個性」として取り沙汰される要素とはシュウマイの上に載っかっているグリーンピースのようなものだからです。つまり、それ自体を取り出しても特に価値判断はできないのです。

全体がうまくまとまっていると飾りも含めていいものに見えるかもしれませんが、実際には目立つ飾りが載っている分、より研究をしなければいけません。「荒削りの」

とかろうじて褒めてもらえる段階まで持っていくだけでもなにかと大変です。

例えば、身長が低いバスケットボール選手の方は周囲との差異が大きいために個性的に見られると思いますが、プレイスタイルを確立させるためには、差異が大きくない選手とは違う戦略を立てて生かす努力をしなければいけません。学校のクラスにいると手足が長いねと言われるような人も、ファッションモデルの中では普通の体型です。もし手足が短いけどファッションモデルとしてかっこよく成立している方がいたら、それは強い個性ですが、成立させるためには独自の文脈が必要になります。

ある分野で個性的であるということ、周囲との差異が大きいということは、正面から挑むには不向きであるということです。個性（ハンデ）をうまく活用している人を見るとなんだかオシャレなことをしているように感じますが、その部分だけを真似すると自爆というか、自分から〝損〟をやりにいく羽目になります。個性を真似しようとして頂点のグリーンピースだけを載せても全然上手くいかないのです。

なんででしょうか。それは、ある人の個性が豊かなものに見えるとき、ほんとうに豊かな部分は「個性」として目立っている部分ではなくて、クセを抱えているせいでやむを得ずジックリことこと煮込むハメになり味わいが生じたシュウマイ本体の部分だからです。それは多数派のルートに便乗できなかったせいで、自力で道を探すしかなかった結果出た人それぞれの味わいです。おでんにおける昆布だしのようなもので、はっきり目に見えるわけでもない要素が全体のハーモニーを下支えしているのです。

身も蓋も無いことを申し上げますと、**多くの人がやらなくてもいいオリジナルの苦労がその人なりの独自の味わいを醸造し、ハンデにもそれなりの魅力に感じさせる**、というのが正直な個性の実情です。

例えばSNSの自己紹介欄にどこかで聞いたことのある名言の又聞きを載せている人を見ても、グッとくるどころかむしろ白けてしまう人が多いのではないかと思います。なんでそうなるのかというと、名言というのはそれが生じてくるまでの過程や本人が直面した困難、苦渋、悔恨、苦労の結果のだし汁が言葉全体にじわじわ染みてきてしみじみウマい、味があるという要素が大だからです。結果的に形になった言葉だけをコピーペーストしてその場に置いたところで、そんなものは生水に大根や下処理の済んでいないこんにゃくをポニャンと浮かべて無表情で「ワロタ」とか言っているようなもので、本人は満足かもしれませんが他人からするといいポイントがありません。そんなのは「個性」の露出狂です。

だから、やりたさばかりで癖のトッピングにこだわってもほとほと意味がなく、その人なりの「だし」をいい感じに出す方に全力を注いだ方がいい結果をもたらすのではないかと筆者は考えます。そのためにどうするかというと、まずはわかりやすい、メディア映えのために強調されがちなトッピングの種類（※）よりも、人間本体から出ている「だし」の方に目を向けてみるのが得策なんじゃないでしょうか。

個性は面白いのか

むやみにトッピングした「個性」が面白いのかどうかという問題もあります。表現の中に通常はいらないクセのようなものをトッピングするわけですから、つまら

※ P177「個性じゃないもの一覧表」を参照

なかった場合全てが台無しです。筆者が学生だった頃の話ですが、映画の撮影現場でスタッフの方に**「生魚と絡んだりしたら面白いんじゃないですか？」**と提案をされたことがあります。イヤな予感がしたので、**即座に却下**しました。つまらないからです。なにかタブーを犯している、チャレンジングなことをしている、だから面白いんだという早計な判断。ピンポンダッシュと発想が同じで観客の負担を考えていません。こういった無責任な提案にがんばって応じたところで、必然性がないために空回ってしまった状況を「シュールですね（笑）」と言われて誤魔化されてしまうのではないか。まじめにやってほしい。やはりこの場合も提案をしている本人から「だし」が出ているかどうかが重要ですが、それが見受けられなかったのです。

やっていることの全てが必然的なところに回収される術のないバカさわぎであれば、それはそれで構わないのですが、その場合は見てくださる方へのサービスに徹するのが他人の時間（＝命）を頂戴する上で最低限の礼儀ではないでしょうか。「タブーに触れてでも行う価値がある」ということと「タブーに触れているから面白い」ではむしろ、考え方が真逆です。**文脈もなく気分が悪いことをやるなら、過剰すぎるほどの親切さとサービス精神が必要**になります。サービスのない露悪は表現とは言えません。迷惑です。

個性では解決しない諸問題

個性を手に入れればいろいろな悩みや誤解が解決すると考える人もいます。そう考えてしまうのも無理はありません。テレビやネットで活躍している人を見ていると人間の属性やカテゴリーを部分的に切り取って、ことさらに強調することがまっとうな生存戦略なんだと誤解しかねない素地が広がっているからです。

実際に「個性」で解決する問題はあまり、というかほとんどありません。一時期のように「個性」が特別扱いされるシーンは減ってきていると思うのですが、それでも会社勤めをする以外の方法で社会と関わろうとしたときに、まず真っ先に「個性」を獲得しなければいけないという思い込みはいまだに蔓延しているような気がします。

なんでそう思うのかというと、近年「個性を活かしてお金を稼ぐセミナー」といった感じの会に同世代の人々が参加をしているのを見て、裸足でコメダ珈琲のテーブルの上に乗って大暴れしたいような破滅的で狂おしい気持ちになったからです。それがこの文章を書く動機にもなったのですが、本当に正直な心情を申し上げると、個性を生かすには地味な積み重ねが必要なので、セミナーで手早く「個性」を手に入れようとしている人に向いているとは思えません。

焦りの気持ちからわかりやすいバッジのようなものが欲しくなる心情は大変よく理解できるのですが、誰しもがしんどいタイミングこそ落ち着いて地道に目の前のことをやるしかありません。あるいは落ち込んだ時、自分には何もなく矮小な存在に思えるかもしれませんが、そんな自分から逃避してしまったら一生を「誰のために何をやっているのかわからず、心が自分のものではないような不安」を抱えて生きていくハメになります。

自分が矮小だと感じられる時間にこそ実はオリジナルの「だし」を獲得するチャンスがある。筆者自身そんな単純なことに気がつくのにかなりの時間がかかってしまいましたが、傍から見た時に個性的であるかどうかを気にしたところで、実態のないハリボテの自我が肥大化してしまうばかりです。そんなのどうでもいい。誰にとっても。自分にとっても。一方で、意外なことに、誰に言う気も起きないほどショボい感想には全身の細胞から流れ出た血や生命力が通っています。

「一見オシャレな店なのに、肝心のサラダはダサい」
「スーツを着ている人はショッカーみたいに見えるからかわいい。助けたい」
「工夫ってなんだかムカつくなー」
「ほぼ感情がない人も井戸を覗くときは期待をする」

これらは筆者のショボい感想です。なんでもいいんですが、こういったショボさに目を凝らしていくことで「だし」の風味が生じていくので、そういう部分をキャッチコピー的な「個性」で塗りつぶしてしまって一体、なにが手に入るんだ、と肩書きゲットセミナーのようなものを見ると感じます。

またあるときは「好きなことでキラキラしている人」と言われて極度に解せない

気持ちになったこともあります。自分も周囲の人間を見渡しても、全然キラキラはしておらず泥水にまみれて毎日必死に地平をのたくり回るミミズのようにほうほうのていで毎日をなんとかやっているからです。**傍からキラキラして見える人ほど泥水にまみれまくっている**のが世の実情でしょう。泥水はまみれればまみれただけの結果が出るし、個性があろうがなかろうが、まみれと結果はほぼ同じように比例していきますので大丈夫です。「キラキラ」と「泥水」の相関に、個性は大きく関係しませんので安心してください。

個性を発揮して生きていきたい場合、そのために**必要なことは、オリジナリティーのアピールではなく、人があまりやりたがらないことを真面目にやる誠意とか根気です。**なんでもいいのですが、熱意と誠意とサービス精神を込めて発信すれば人によってはどうしようもないクセを「個性」として面白がってくれるかもしれません。

あえて個性を活かそうとするならば、まずはショボい自分に対面して「やむを得ない感じ」「それでもまあやっていくしかない感じ」を前向きに肯定するという過程が必要になります。しょうがないじゃないですか。「こう」なんだから。ストイックな人でしたら、このような個性の道場破りスタイルでもなんとかやっていけると思うのですが、「だし」の実感がゼロの段階でいきなり道場破りをしようとすると、自分自身のショボさに耐えきれず現実逃避をしてしまったり、あるいは自己欺瞞で「設定」を作り出してその中で生きる羽目になるかもしれません。人生なんだからそれも含めてやりたいようにやった方がいいのかもしれませんが、人生の一部が「設定」になってしまうのは結構しんどいと思いますのであんまりおすすめしません。

平凡さはどんどん出した方がいい

付け焼き刃ではない人間味を出していくためにはショボい部分に目を向ける必要があるという話をしましたが、ここで問題になってくるのが**平凡コンプレックス**です。特に「個性」を身につけなければならないと思い込んでいる状態にあると、平凡さから脱却して今までの自分とは違う特別な領域に到達したときに初めて「個性」を獲得できるのではないか、と考えてしまいがちです。実際はそうでもありません。

なぜならば、傍から見たときにはものすごく特別に見える人でも、本人にとって自分のやっていることは平凡そのものでしかないからです。例えば株主優待券だけで生活を成り立たせている人がいたらすごく個性的な生き方をしているように見えるかもしれませんが、本人からするとジワジワたのしい平凡な節約生活でしかありません。やっている渦中の人からすれば「個性」として取り組めるようなことではないのです。

全身にわかりやすいハイブランドを身につけている人は目立ちますが、必ずしもオシャレとは言えません。主張が強い服飾品ほど、うまく着こなしていくには逸脱をその人の日常の中に成り立たせるための文脈、つまり平凡さへの観察力が必要になります。「セレブに大変身☆」という気持ちで身につけるのも贅沢品のたのしみですから全く構わないのですが、それをやっていると周りからは「セレブに大変身したい人なんだな」と思われるだけなので、特別な個性とは真逆の状態になります。自分にとっての平凡さを覆い隠そうとしてがんばると大体こういう感じになります。言うなれば、観光地の顔出し看板から顔を出して主人公になったような気分になっている人といった感じです。おしゃれな人がとてもシンプルな服を着ていることがよくあるのは、オシャレを突き詰めていくと最終的には文脈（その人の平凡さの中での「だし」の染み方）の話になってくるので、そうなるとアイテム自体の意味や文脈は特に必要ではない場合もあるからです。

だから、**平凡さというのは隠すどころかむしろどんどん出していった方がいい**のです。平凡さを丸出しにしてもそれでつまらなくなったりはしないので恐れなくて大丈夫です。

自分の平凡さは目立たないから、よく観察しないと発見することができません。自分の中の平凡な部分を隠そうとしてしまっては、ますますわからなくなります。平凡さを嫌う人は自分の平凡さをわかっていません。異質さや個性はスパイスであって、ベースは、ある人物の、固有の、独自の、味わいを帯びた、説明が難しい、複雑な平凡さの中に、さらに複雑に織り込まれるようにして混在しているものです。だから、自分の平凡さを決して恐れてはいけないし、軽視をしてもいけないのです。

図 2-1　KOSEI の顔出し看板

スケールの大きな話でも同様です。

世界初の宇宙飛行をしたソ連の宇宙飛行士、ユーリ・ガガーリンの「地球は青かった」という発言が知られていますが（実際には「空は暗かった一方、地球は青みがかっていた」と発言したとされる）、これが普遍的な言葉として広く受け入れられているのは、「地球って青いって言うけど、マジでそうなのかな」という平凡さへの観察眼（身の回りはあんまり青くないことが多い）があったからです。誰しもが普段過ごしている地球と宇宙にいる一人の人間の関係が実感を持って語られているから印象に残るのです。

これを、平凡さを恐れている人の視点で語ると、

「私は今、眼下に何十億人を見下ろしている」

という感じになってしまいます。なんともイメージを摑みづらい骨ばった表現です。骨格ははっきりしているんだけど、身が少ない魚を食べているような感じと言ったらいいんでしょうか。伝えている人と言葉の間に関係が生じないので、どういう受け取り方をしたらいいのかわからない言葉になってしまっています。派手で目立

つけど文脈がないので受け取り方がわからないファッションに似ています。

アニメ『機動戦士ガンダム』の中で敵側のギレンという人物が繰り広げる演説に、

「ガルマは死んだ。なぜだ」

というセリフがあります。ガルマとは、ギレンの弟です。士官学校時代からの友人に裏切られる形で死にました。この一言が聴衆（アニメの視聴者）の胸を打つのも、あの鉄面皮のような恐ろしいギレンが、「急に弟が死んでしまい、事実をどう飲み込んだらいいかわからず途方にくれているお兄ちゃん」という平凡さを政治演説の中で突然見せてくるからです。平凡ではあるんだけど、戦時中だったらよくあることではあるんだろうけど、決してありふれてはいない、地に足のついた、一人の人間の正直な平凡さが素直に吐露されているからうっかり人の心を動かしてしまう。裏に何か政治的目的があるかもしれない、と疑っていてもやはり**個人の経験と強く紐づいてくっきりと浮かび上がってくる平凡さにはパワーがある**のです。

ただし、この平凡さのパワーは真剣に生きていないとなかなか見えてこないものです。

わざわざ他人がお金を払ってまで見たがってくれるようなものには、このような逃げていなさがある。私はこのように考えています。だから、平凡さはどんどん出した方がいい。というか、自分にとって平凡と思えないようなものを出してもくたびれるしめんどうなだけなのです。

個性的になりたかっただけなのに、どうしていつの間にか「設定」をやる羽目になっていってしまうのか。この問題には**「自分語りをしていたはずが、いつの間にか最大公約数的な共感の受け皿になってしまいやすい」**というSNSの特性が関係しているのではないかと筆者は考えます。次項では**「共感」**という言葉に盛りつけられたトッピングの過剰さについて私の考えを述べます。

共感という誤解

「あなたは何がやりたいの？」

ある時、仕事で同席した方に、

「水野さんは何がやりたい人なんですか？」

という問いを投げかけられました。おそらく、私のことを理解するために投げかけてくれた質問だと思います。しかし、質問の背後にある感情が疑問や関心ではなく、憤りや困惑であるように感じられて、消費しやすいストーリーがまっさきに求められる窮屈なコミュニケーションのあり方に、なんだか苦しくなってしまいました。つまり、若干の批判を込めながら人生の目標を問いかけることによって「キャラがわかんねーよ」「あなたの人生に物語性が見えてこないんですけど」といった不満点を遠回しに伝えられているように感じたのです。

同じような経験をしたことがある人もいるのではないかと思います。「自分のバックグラウンドや能力、今やっていることを一つの物語にパッケージしてわかりやすく上演する」という取り組みは、やりたい人はやりたいだけやればいいと思うのですが、誰にでもわかるように単純化された物語を希求するあり方とは、個人の内面にうずまく膨大なうねりを「消費できるもの」と「消費できないもの」に切りわけ、値札がつかなかったものは最初からなかったようにふるまう合理的でむなしい態度であるとも言えます。自分のことが大好きなのに、自分に対して最も無関心である。急に蒸発するYouTuberはこのような精神性に追い込まれているのかもしれません。そんなあり方が「ふつう」とされるのはおかしい。少なくとも人前に出るなら当然備えているべきという風潮には疑問を感じます。

今日は誰しもが情熱大陸的であり、プロフェッショナル的でありセブンルール的であらねばならない（そんなバカな！）。生まれてきたのは自分の意思ではないのに、生きるという行為自体のインフルエンスを自ら実演販売するライフスタイルの奴隷商人に成り下がらなければならない（ありえない！）。経済活動というそれ自体は悟性を持たない強大なエネルギーの流れに突きつけられた「効率」という名の暴力装置によって人類全てが一介の芥へと変貌し終えた地平を見て、果して狂気はその宿主を個人から集合無意識へと乗り換えたのではないか（バカみたいなことがいつの間にかあたりまえになっている!!）。なんだか求められていることが過剰です。

先ほどの質問について、どの程度恣意的に編集されたストーリーを求められているのか知りたくなり、先方にやりたいことを伺ってみました。すると、おおよそ以下のような返答が返ってきました。

「自分は発信力を増やして影響力や数字を伸ばしていくことでパワーアップしてできることを増やしたい。最終的には大統領とプリクラが撮れるくらいの影響力を手に入れたい」

なるほど。そうですか。なるほど。という感じ。これに関して私から申し上げることはありませんが、私の態度が困惑される道理は少なくともないでしょう。株式会社ZOZOを起業したことで知られる前澤友作氏は「月に行く」という自分物語を発信していましたが、個人的にはだからなんなのだろうと思います。ニール・アームストロングが言うならわかりますが、月面はお金さえあれば行ける場所という意味では少々遠い熱海のようなものです。本人なりに思い入れがあるのは理解できるのですが、冷戦時代の人類進歩ストーリーの焼き直しのようなレトロばなしを持ち出されても、そこにどういった希望を投影すればいいのかわかりません。

思想がないままポジショントークとして繰り広げられる形骸化した達成のストーリー。盲目的であり、単に自己を肥大化させ続けるだけの膨張原理。これが大規模ながらんどうであることは、知っている人はとっくに知っています。ただ、なにか「やってそう感」がある。便乗していかなければ、自分が乗り遅れるんじゃないかという焦燥感がある。それだけの、言ってしまえば縁日のくじ引きのようなものです。祭りの熱狂の中で蠱惑的に光る玩具。明るいところで見れば、それは百円ショップですら売ってない稚拙な残骸です。これは人類が滅亡する未来への避けがたい等速運動が、ある地点の断崖に反響してこだまする、ヒトという種族の望郷の「鳴り」であるのかもしれません。

人生を物語化してショールーム化してフォロワーに共感をして頂き、夢を叶えて感動をお届けする。結構なことではありますが、そういった熱狂の渦中で、最も重要な人生そのものが本人のものではなく単に広告を掲載する媒体と化していく実情をどう考えているのか。もちろん、応援してくれる人に今考えていることや活動指針を示して理解を得るのは親切な行いだと思います。かといって。私は人生をまるごと「個性のショールーム」にしたいとは到底思えません。

誰かを応援しようと考えた時に、一瞬で理解し共感できる「個性」の物語を求めてしまうのも「個性」ブームから生じた弊害の一側面と言えるのではないでしょうか。

そもそも「共感」とは

そもそも**共感**とは、どういった態度を指しているのでしょうか。辞書には、

他人の考え・主張に、全くそうだと感ずること。その気持ち。同感。

とあります。筆者は、ＳＮＳ等で人の心を惹きつける特効薬的な用法で用いられている**「共感」**という言葉には過剰な欲望が盛りつけられているのではないかと思います。あえて言葉にするならば「ＳＮＳの投稿を見た人が、そこに描かれているメッセージやストーリーに対して主人公であるような視点で入り込み「自分の物語」として満喫できるように心がけて発信をすること。またそのような心がけ自体」ということになるでしょうか。これを踏まえた上でトッピング込みの定義を述べるとするならば次のようになります。

（近年特にSNSを中心に広く用いられている）「共感」
自身の思想・主張・感覚・達成したい夢などの内心にあるはずのものが、他者によって発信、表現されているという錯覚を抱き、他人の考え・主張に、全くそうだと感ずること。その気持ち。同感。

他人の心の中にある内心の世界については誰も理解することができないはずなの

で、この「共感」は、発信者のテクニックによって呼び起こされているものです。「刺さる」「刺さった」。あるコンテンツへの「共感」がこのように評価されている場面を見ると、一体、「刺された」側の人間はどこにいるのだろうかと不思議な気持ちになります。人間なら簡単に刺されないように抵抗するのが自然だからです。私が知らないうちに人形になってしまったのでしょうか。

つまりあるメッセージが、受け取る人にとって自分のことではないか、と錯覚できるように工夫をされた語り口や手法で投げかけているということです。そうすると、内容とは無関係に「これは私に話しかけているのかもしれない」「私の内心を代弁してくれているのだ」と感じられてくる。このようにして、あるメッセージに投影した自我をよせあつめたものを「自分」だと思い込みはじめると、「共感」できるもの以外にどうやって接続すればいいのかわからなくなってくるという不可解な現象が発生します。

辞書にある共感の意味合いをすこし丁寧に言うと、

共感
他者の手によって発信された考えや主張を、自分とは別個の独立した人物の意見として、深く同意すること。

となります。一見似ているようで、先ほど定義した「共感」とは反対のことを言っているのがわかりますでしょうか。SNSの「共感」にとって、他者とは自己の内心を表現するメディア、媒体に過ぎず、世界全体が自己投影可能な対象であるか否かで厳密に区分をされ、自己投影が不可能な領域については興味がない対象となります。世界を覆い尽くすのは、自分自分自分自分自分自分自分自分自分自分自分自分自分。**本来共感とは、自己と他者が全く異なる人間であることを深く意識するから立ち上がってくる感覚**であったはずなのに。

自分自分自分自分自分
自分自分自分自分自分
自分自分自分自分自分
自分自分自分自分自分

それ以外

mememememememe
mememememememe
mememememememe
mememememememe

whatever.

本当に共感されているものは「共感した！」と言われない

本当に辛いとき、例えば失業や離別が重なりどん底の失意の最中で『車輪の下』を読んで深く心の琴線に触れた人は、ＳＮＳで「心の底から共感できる本！」と発信しないのではないでしょうか。年末に『第九』の演奏を聴いて

「共感した！」

と言っている人を見たことがありますでしょうか。中島みゆきの音楽に励まされた人は多いでしょうが、『プロジェクトX』に出演している人は、

「現場でも『地上の星』に共感の声続々！」

と言いませんし、ひどい失恋の渦中で鬼束ちひろを聴いている人は共感をしているでしょうが、内心の暴風を言葉に置き換えることは到底できないと思われます。

あたりまえだから。そりゃあそうだから。言う必要がないから。**わざわざ「共感」という言葉が用いられるとき、その背後にはなにかしら不自然な意図が潜んでいる**場合が多いのではないかと思うのです。やさしい人のやさしさにつけこもうとする人がいるかもしれません。

「共感」をしてください

「共感の声続々」「〇〇リツイート」「登録者数〇〇万人」「〇〇氏も賛同！」なにを伝えようとしているのでしょうか。答えはとてもシンプルです。

・あなたの考えていることがここにあります
・あなたの物語がここにあります
・あなたの気持ちがここにあります
・あなたの夢がここにあります

・あなたの欲しいものがここにあります
・あなたが疑う必要のないものがここにあります
・あなた自身がここにあります

・さあ、手にとって。これは、「あなた」です。

このような宣伝文句が効果絶大な理由もよくわかります。「いいね」をもらうよりも楽しいことなんてあんまりないからです。他人語りを聞くよりも自分語りをしている方が楽しいのが人情というものです。他人よりも自分に興味があるのが普通だと思います。ただ、本当のところを言えば、自分語りをしているより他人語りをしている方が自分が出ますし、「いいね」を貰うよりも楽しいことはいいものを見つけることですし、他人に興味を持たないと自分というものの輪郭は見えづらいので、ありとあらゆるメディアが自分への興味を執拗に掻き立てていたとしても、一旦冷静になった方がいいのです。**現在の医療機関はどこへいっても「自分依存症」の治療プログラムを施してはくれません。**「個性」が欲しくて、自分探しをしている人ほど自分依存に陥りやすいのに、誰も「あなたは自分依存傾向が強いから、まずそれを治さないと個性も伝わらないよ」とは言いません。そんなことを言っても全然儲からないですからね。

共感してOK！

映画を観たり、漫画を読んだりして、

「これは、自分のこととしか思えない。私の話をしている」と感じられたのなら素晴らしい体験だと思います。この素晴らしい体験をもたらした原因はあなたであって、あなた以外ではありえず、ほんとうは誰にもわかってもらえません。それはあなただけが独自に体験しているオリジナルの特別な唯一無二の暴風です。自力で解釈をした結果生じる共感は簡単に人と共有できるものではないので、「共感した！」とはあんまりなりません。共感の輪を広めようとした場合に喪失するもの（文脈なしには成立のしようがないもの）が自力でつかんだ味わいです。これをつかんだら簡単に手放さない方がいいんです。

「共感」できそうな「物語」に過度な自己投影をしてしまうことで自分の船をこいでゆくためのオールを手渡してしまう自分依存のループに陥らないようにするには、常にあなた自身のオリジナルの解釈をヴェルタースオリジナルだと思って抱きしめていれば、つまり自分の孤独をなんだか妙にいい感じのことを言ってくる他人にプレゼントしないということですが、それだけでいいのです。

個性とうまさ

「うまさ」だけでなんとかなるのか

普段私たちは、うまい絵、うまい文章、うまい漫画、うまい落語、など様々な表現に対して定義を確認することもなく「うまい」という言い回しを使っています。どこかで話し合った具体的な共通認識があるわけでもないし、詳しくない表現の分野に対しても自然に使えてしまう「うまい」という言葉、これは一体何を言い表しているのでしょうか。答えはとてもシンプルです。

「うまい」＝客観性がある

何かの分野を極めた達人のような人、あるいはよく研究している詳しい分野に対して「うまいね」と言う場合は、豊富な経験や知識に裏打ちされた複雑な意味合いや見解が込められているのでしょう。一方で私たちが日頃幅広い対象に使っている「うまい、上手だね、よくできてる」といった、特に深い意味のないうまさへの称賛は、実のところ「作者の客観性によって表現物がうまく成立している」ことを指す場合が大半なのです。

例えば「歌がうまい」ということは、単純に考えれば

・音程が合っている
・リズムが合っている
・抑揚のつけ方が場面に合っている

ということになります。合っている、とは出力された音が定められた基準に合致もしくは近似しているということです。合致させるためには本人が基準を理解して合わせる必要があります。あるいは、絵を描くためのパースなどの技術は人間が知覚した三次元空間に近いと感じられる状態を平面上に構成する為のものです。した

がって、うまければうまいほど客観性の伴った画面になります。ところが反面、歌でも絵でも漫談でもそうだと思いますが、余りに客観性ばかりを強調しすぎてもそれはそれですごくつまらない、どうコメントをしたらいいのかわからない、ただそれがそうであるという事実だけが切り取られた表現になってしまうのです。綺麗にピントが合っていて画角や余白などのレイアウトも適切な動物（アフリカゾウ）の写真を思い浮かべてください。うまいが、それ以前に何もコメントすることがないはずです。動物園の紹介文の隣に配置する写真としては、この上なく最高に適切ですが。このように、作ったものを発表する場においてどの程度客観的であることが求められるか、という制約が実は全ての表現には並走しています。たとえ趣味でSNSに載せるだけの風景の写真でも必ずそういった葛藤は伴います。「見せ方」というとSNS上では些細なものを大げさに吹聴してさも価値のあるように見せかける誇大広告的な文脈が先行してしまいがちですが、実際のところ「見せ方」というのは作品の一部とも言えるのです。

当然、技術力が高ければ高いほどできることの幅は広がりますが、だからと言って技術力のみが伝わる作品は概ね駄作です。それは往々にして作者にベストなバランスや伝えたいことの限界について追求をする葛藤がなく、技術力を見せることだけが目的化されている不親切な表現だからです。かといって、客観性がない表現というのはそもそも見てもらえません。筆者が中高生のころはスマートフォンが普及していなかったので家族や友達くらいは拙く、主観的な表現を見て優しい感想をくれましたが、現在では親族すら余りに多くの情報に取り囲まれているので全く客観性がない表現を見てもくれないでしょう。時間的に余裕がない、というよりは物理的に目に入ってこない、少なくとも意図的に伝える情報を編集する感覚が伴っていなければ、そもそも目に入らない。ある程度は体裁が整えられた無数の情報が前提になっているので脳に届く前にうわすべりしてしまう。現代は情報発信の手段は増えているものの、そもそも見てもらう、以前に他人に作ったものを認識してもらうハードルは飛躍的に上昇していると言えます。

「葛藤」がなければよくはならない

少なくとも、全ての作品について言えることは、**「葛藤がなければよくはならない」**ということです。葛藤、とは。つまり作者が伝えたい固有性が強い独自の解釈や実感を、どの程度客観的な枠組みに収めていくかと言う強烈かつ根本的な葛藤のことです。これは空気清浄機の設定のように、単純に強・弱が存在しているのではなく、実は人間が他者と関わる全ての行為の中に複雑に絡み合い現れている問題です。どのように雑談を繰り広げるのか、どのようなファッションで場に参加するのか、どう振る舞うか。全てに葛藤がつきまとい続けるし、正解はどこにもありません。私はファッションの上級者というのは、センスがいい人ではなく「他者と関わる上での葛藤に飽きず、長年にわたり葛藤自体を愉しみながら継続している人」のことだと考えています。もちろん、葛藤のエネルギーを減らすことにファッションの効能を用いるのもとても有効的です。現代は特に他者との関わりの上で生じる葛藤の総量が無尽蔵に増え続けているのでそれもファッションの重要な役割になっていると感じます。

個性があったらなんとかなるのか

ここで個性の話に接続しますが、個性への勘違いとしてよくあるものが「個性は強ければ強いほど素晴らしい」というものです。

当然一個人の内心においてはそうであることもあるのですが、この場合は第一章で述べたように、「個性」偏重教育に伴って発生した葛藤や場の文脈とは無関係に、とにかく個性を礼賛してしまう風潮を指しています。この風潮を誘引する一つの要素として考えられるのが日本国内における画家ゴッホの人気でしょう。日本におけるゴッホは実力があるのに中々報われない、弱い立場にある人物を応援したくなる、いわゆる「判官びいき」的な性質（物語を解釈する癖）が「苦労を経て画風を貫いた画家が死後認められる」という物語性と上手く嚙み合った上に、バブル期に国内企業によってゴッホの絵画が高額落札された話題性、取り上げやすいインパクトなど、全ての条件が相まって生じたものだと思われます。

学校で絵を描かされる中学生・高校生は何を求められているのか、ゴールがなんなのかわからないまま何の指導もなくノルマのように自画像を描かされたりしますので、ようするにゴッホのような突破力の高い（嫌な表現ですが）個性があればなんとなく「正解」っぽい雰囲気になるのではないか、と信じるしかやりようがないシーンも学校の中ではしばしばあります。あまりに答えがない、何か空気を読まないといけない雰囲気だけは蔓延しているのに、答えの部分だけが綺麗に抜け落ちてしまっている。やらせている大人も何が正解なのかわかってない。実際にここで答えになり得る正しい「個性」とは、具体的には「めざましテレビの特集コーナーで軽く取り上げられる程度の個性」です。もしもゴッホが世間に知られていないとして、そういったタッチで絵を描いてしまったら、エポックすぎて誰にも受け入れられないので「間違い」なのです。めざましでとりあげるのにちょうどいいエポックさ・個性とは「使われなくなった家電や家具などを高校生が地元のリサイクルショップと協力してペイントし、地域を盛り上げるアート作品として展示している」くらいの感じです。これが**学校教育における正解の「個性」、つまり正確には「個性のフレーバーを漂わせた親切なサービス」**であって、教育者側は心中では学生に高度にビジネスライクな労働を求めていると言えるでしょう。わかってやっているならまだしも、誰も自覚がないので悪質（もしくは従順）です。これではさっさと帰宅してネットをやる方がマシです。

このように、**少なくとも生前報われたい場合は個性と客観性という枠組みで葛藤しなければなかなかうまくはいきません。**また「個性」が強ければ客観性が伴っていない表現でも見てもらえる可能性は、特に現代では希薄です。個性ではなく知名度が高ければ客観性を伴っていない表現でも理解される（多くの人に解釈の仕方が共有される）かもしれません。したがって、現代において「個性」を追い求めすぎる行為は得るものが少なく苦労が多い行為だと言わざるを得ません。残念な側面もあると言える実態です。

SNSを開くと、うまくて個性的な絵を描く人がとてもたくさんいるので驚くかもしれません。また、技術力が高い人ほどオリジナリティーを伴っているように見えるので、「技術力が上がればそれに伴い内容も個性的になる」と感じている人もいるかもしれませんが、基本的には技術力が高く技法に忠実なだけの作品は無個性です。インターネット上のすごい絵師の人々が驚くほどうまくてなおかつ個性的（テーマや画風に独自性があり、どの作品も鑑賞体験に新鮮味が伴う）なのは、主観的に表現したいことと客観的によりよく見せることという相反する葛藤を濃密に何度もなんども繰り返し続けているからです。これもファッション上級者と同じようなもので、才能も当然ありますがそれよりも葛藤をし続ける性格上の適性（異常なこだわりの強さ）がある人がそうなっているのではないかと思います。

したがって、**「うまくて、個性がある表現」**とは、なにか神のような力を持った達人が、奥義のように繰り広げる秘伝のタレではなくて、**主観的なイメージをどうすれば他人にも伝わるように組み立てられるのか作者が客観的に捉えながら執念深く追求し再構成したもの**、ということになります。再構成の加減はとても難しく、才能があれば常にできるというものでもありません。なぜならば、表現されたものを受け取る社会一般という総体は常に価値観が変化し続けるからです。やはり夢のない話かもしれませんが、葛藤し続ける、以外に答えはないのです。

つまるところ、最も重要なものは、技術でも個性でもなく「こだわり」だ、ということです。

(夢がないと書きましたが、本当の夢はむしろこういった著しいこだわりと熱情の中からしか生まれようがありません。それ以外の夢はまやかしと言っても差し支えがないほどです)

〈第三章〉

正直

心の負債総額算出方法

「破滅」している人

100億円くらいカジノで失って逮捕された元大王製紙会長井川意高の破滅的自伝『熔ける』の続編『熔ける 再び』が Amazon Unlimited に追加されていたので読んだら、筆者の井川氏が獄中で恋愛工学に目覚めて得心したエピソードが綴られていた。井川氏は逮捕当時50歳近い年齢であって、社会に不満を抱える20～30代の若者がこのようなモラルハラスメントによる支配的状況を意図的に作り出すメソッドに取り憑かれたようにハマってしまう痛々しさとは全然違う痛切な重みが漂っているように感じた。言葉を選ばずに言ってしまえば、ああ、この人の人生ってもう取り返しがつかないところまで行ってしまったんだなあという。それは金や会社、信用を失ったとかいう次元の話ではなく、心が取り返しがつかないところまで領域まで行ってしまったんだなあという重みだ。恐らく井川氏は今更恋愛工学をやってみたい気持ちになったのではなくて、

「世の中ってこうだよなぁ。自分の世の中に対する認識は概ね合理的で正当だなぁ」

と、歪んだ現実認識を深めていく行為に、ある部分で癒されてしまったのではないだろうか。実際のところ、本人の精神状態がどうあったのかは全く想像が及ばないがそんな気がしてならなかった。

「破滅」っていうのは、ある状況や環境に従って発生する物理的現象ではなくて、本人の心が作り出した心象風景に自分自身が生存する余地を完全に剝奪され切った状態を指す言葉だなと、思う。

あるいは大学をやめてしまったくらいで、就職をしていないくらいで、薬物のことを誰にも言えなかったくらいで。傍から見たら、それくらいのことでと感じてしまうようなことで死んでしまう人がいる。しかし、どうしてそんなことが起こってしまうのか。

筆者は、不合理な借金を作ってしまったり、生活に支障が出るほど何かに依存する人間の背景には大抵「心の負債」があるのではないかと考えています。**心の負債とは「自分の心を誤魔化し続けたツケの総額が生む、生きた心地がしない心象風景」**のことです。

心の負債を抱えていると、ご飯がおいしいとか光が嬉しいだとか、そういったささやかな幸せを噛み締めることができなくなります。心中の喜びも悲しみも、響くどころか他人のしかばねのようにその辺りに転がっている。なにをしても常に心中では対象が判然としない罪の意識がざわめいて、落ち着いて目の前の物事を静かに味わうことが難しい。このざわめきとは、**自分自身を誤魔化し続けている罪悪感**からくるものです。罪悪感とは、罪そのものの直視を避けているせいで生じる生きごこちのわるさのことです。罪の意識だけでもくるしいのに、目を背けている自分自身へのやむことない失望から息ぐるしさがハーモニーを奏で、よろこびを棄損する。日々の返済はマイルドになるのに総額は増えるばかりでこれは人生のリボ払いをしているかのよう。心の負債が苦しいのは、他人に虚栄の自己像を見せかけるのは簡単でも、そう演じている自分自身の心を誤魔化し続けるのは極めて困難だからです。

だって、自分は自分だから。本当は全部わかっているから。自分が自分にバレ続けてしまう、逃れがたい苦痛と葛藤。こういった逃れがたいものから気を紛らわせてくれるものがあるとすれば、それは獲得の興奮やより大きい報酬への期待感のようなものしかありません。しかしこれらがもたらす興奮は長続きしませんし、それどころか作用は徐々に減衰し、全く手のつけられない絶望の淵に、傍から見たら全くそうとは思えないような人が、あくまでその人の心象風景の中で、極限まで追い詰められるということが起こってしまう。

周りの人からすると、どうして学校を一か月休んだくらいで、疲れて絵が描けないくらいで、一週間返信をしなかったくらいで本格的に死を考えなければならないところまで追い詰められてしまうのか理解できません。しかし、どんな人も自分の心が作り出す恐ろしい風景からは絶対に逃れることができないのです。だから極限まで思い詰めてしまうということが起こる。そういう意味で莫大な借金を抱えているよりも莫大な心の負債を抱えている方がよっぽど問題としては深刻なのかもしれません。

心の負債の最も恐ろしい点はなんと言っても「借入先が自分」という点に尽きま

す。例えば銀行から資金の借入を行う際は、信用を担保にするので借入額には限度があります。しかし、借入先が自分自身である心の負債はカードローンと違って、無限に（心が耐えきれず「破滅」に到達するまで）借り入れができてしまう。

ここで言う「破滅」とは心の破滅のことです。というか、破滅は全て心の破滅でしかありません。リストラにあっても借金を抱えても国が滅んでも、本人の心が明るくのびのびしていたら別に破滅とはならないからです。極端な話、餓死も即身仏目的でやっているのであれば、本人的には大成功の結末ですし、借金の返済もたのしければ『どうぶつの森』の序盤（たぬきに負わされたローンを返済するために奔走するというシリーズ共通の導入）のようなものです。筆者は、

「自分への信頼感」を担保に、「捻じ曲げた現実認識」を借り入れる行為

を指して「心の借金」と呼んでいます。また、心の借金を放置し続けた結果、恒常的に精神に負荷をかけ続けている状態を「心の負債」と呼んでいます。

心の借金＝「自分への信頼感」を担保に、「捻じ曲げた現実認識」を借り入れる行為
心の負債＝「自分で自分の心を誤魔化して裏切り続けたツケの総額」が常に精神に負担を与え続けている状態（生きた心地がしない心象風景）

心は複雑に波打っているのでなにをもって捻じ曲がっているとするのかはむずかしいですが、ひとつはっきりしていることは、やっている本人が自分の現実認識に心から納得しているのか、薄々自分を騙している自覚があるのかというごく僅かに思える差異が、結果として人生の風景を一変させてしまうくらいの影響力を持っているということです。

何もかも完全に納得がいくように生きていくのは世間の都合上困難です。だから、やむなく納得のいかない仕組みとか、決まりとかを合理化していく必要に迫られるのが人生の常であったりします。**「こうであるべき現実」と「こうであるべき現実についていけない精神」の二者は、常に剝き出しになっていて、かなり直接的に場の空気に影響を及ぼしています。**それは空気というか、情緒、精神、思考、雰囲気、

景色、判断基準、感情、気分なども はや全てと言えるほどの認知世界の全てに大いに影響を及ぼして、うねりを上げて現実を変容させ続けています。

例えば、年末に行われる『M-1グランプリ』の審査基準について、いろんな審査員が「うねりがあった」「うねりが足りなかった」などの言い回しをしているのは、この二者の揺らぎによって行われる現実変容そのものを指しているのだと筆者は思います。この漫才師に優勝して欲しい、するはずだという「こうであるべき現実」を裏切って現実を変容させる程の「こうであるべき現実についていけない精神」が噴出するカタルシス、そういうものが見たいと考えている人が多いのでしょう。周りの人よりもいち早く「こうであるべき現実についていけない精神」のうねり、それがやがて自分たちの身にビッグウェーブとして迫ってくる予兆を見抜いて、浮き彫りにして現実認識を一変させる臨場感というか。自分のためではなく他人のためでもなく、人と人の関わりの中で生じてくる場面の必然性が、鮮やかに予定調和を破滅させる現場感覚というか。

こういった予定調和を破壊して現実認識を変えてしまうグループと正反対の地点にある光景が「破滅（=心の破滅）」です。

現実問題として、「こうであるべき現実」についていけない精神をムリヤリになだめすかして軟着陸させてしまう内心の政治的手腕がなければ人間社会をやっていけないのですが、やりすぎると爆発します。現実的にも爆発します。昔は原発なんかも「原発事故は起こらない」という「こうであるべき現実」をみんなでがんばって信じようとしていたのですが、リアルに爆発をしてしまったのでもうそんなことは誰も言わなくなりました。なんで爆発するのかというと、それはやはり人間がやっていることだからです。はっきり言って人間はわけのわからないことばかりします。「健康ランド」と銘打った施設で熱波と冷水を交互に浴びたあとギトギトのラーメンを食べて死に接近しながら「うーん、健康！」と思い込んだり。それはものすごくたのしいからいいのですが、冷静に考えたら狂っています。そうです。狂っているのです。「人間は合理的なことしかしないはずだ」という思い込みがあるので、後からなにかすごく合理的な理由があったように錯覚しているだけでキホンは狂っているのです。狂った方がたのしいから迷惑をかけない程度に狂っておいたらいいのです。つまり、デタラメ。みんなが熱心にやっていることは大体デタラメだから、やりたくなかったらやらなくてもいいんです。

ところがこのようなデタラメのスローガンを盲信し、なにもたのしくないのに、ただ義務感から続けると、心の負債を抱えることになります。デタラメなんだからやりたい人だけやったらいい。それだけのことがわからない。わからなくなってしまう。「こうであるべき自分」が失われるのがこわいから。

なにかこう、はっきり形になってこわいものがあるわけでもないのですが、過剰な自分への期待と失望を一括で直視するのは誰だっておそろしいので得体の知れない「罪悪感」にくるんでひとまず人生をリボ払いにしておく。そうやっているうちに残債がどれほどふくらんでいるのかもわからない。わかりたくもない。わからなくても誰もなにも言わない。なぜなら心の負債をより多く抱えている人ほどお金をたくさん使ってくれて助かるから。ありがたいから。心の負債がない人はヘチマとか見ているだけで正直たのしいですからね。

このように「こうであるべき現実」と「こうであるべき現実についていけない精神」の対立は各自の内心にも存在しているのですが、**自分の内心の何もかも「こうであるべき現実」に軟着陸させる精神的作用に取り仕切らせてしまうと、自分の内心で普通では考えられないような禍々しい出来事が発生する**ことがあるのです。これを私は**「心の借金」による「破滅」**と呼んでいます。

破滅の起こり方は人それぞれだけど、莫大な借金や、薬物等への依存、まだマシな破滅であれば数年寝込むとか、そういったことが起こります。ここで破滅というか、底つき体験のようなものに到達できる人は、まだ心のどこかに「こうであるべき現実についていけない精神の作用」が残っていて、手痛い代償と引き換えに「心の借金」を片付けていくことができるのですが、「こうであるべき現実についていけない精神の作用」が死に切っていると、井川氏の事例のように、何かそれでも歪めた現実を補強する材料を探して何かに依存し続けることで「こうであるべき現実」を維持しようとする。私は心の破滅に至るよりも、こうなったまま生活が続いてしまうことの方がよっぽど恐ろしいのではないかと思います。

依存症を治療するには、自助団体等の助けが必要なケースも多いです。依存している状態の人間が多いと、端的に儲かるから社会一般からは依存状態の人間はほっとかれるし、誰も助けてくれません。病気として扱ってもくれないし、「異常」ですらない。この方面に関しては世の中の方がよっぽど「異常」のプロフェッショナルみたいなところがあるから、お客様としては最大限「正常な方」として扱われてしまう。こんなに残酷なことがあっていいでしょうか。ＳＮＳの影響で「こうであるべき現実」「こうであるべき私」「こうであるべきライフスタイル」「こうであるべき趣味趣向」を一点張りしてサバイブしようとする手法ばかりが持て囃されて、安易に飛びついてしまう人が大勢いるというのに。

もう一つの性質として、**「心の負債」は伝播します。**心の負債を抱えている人の周りには、やっぱり心の負債を抱えている人が集まってくる傾向があるように筆者は感じます。注意深く目の前で繰り広げられている「現実」が誰にとってどう迫真に迫るものであるのか、常に見定めていなければカジュアルに行われる緩やかな他者の生命の剝奪から逃れることができないのです。「こうであるべき現実」のレガシーだけで既に終了した人生の余生を生きているつまらない長話をする偉い人って、誰にとってもどのような迫真にも迫っていない現実に他人の命を付き合わせているから、やっていることは緩やかな人殺しに近いのではないでしょうか。そういったカジュアルな命の剝奪が、ＳＮＳ上のいろんなところにちりばめられていて、日々、洗濯しすぎたカラータオルのように、命が色褪せていやしないだろうかと不快感を抱く。滑らかなプリンを咀嚼していると、鋭い砂利が混じっていて口の中に血の味が滲んでいく。咀嚼するたびに鉄の味が鼻腔を覆い尽くすほど存在感を増しているのに、誰にとってもプリンと不快な鉄の臭いの因果関係を把握できないでいる。そうしているうちに、食べる気力をなくして益々プリンしか食べられなくなっている。そんな感じの不毛さがいずこにもあるように思います。

「心の借金」の入り口のハードルは低い（なぜなら借入先が自分だから）

自分が何者かであるように見せかけるために「心の借金」をしてしまう人はどこにでもいますが、この安易さの根本には、自分の心を騙して現実認識を捻じ曲げる行為は無リスクで無尽蔵に使える天然資源のようなものだ、という感覚があるのかもしれません。

先にも述べた通り、**「自分への信頼感」**を担保に、**「捻じ曲げた現実認識」**を借り

入れる行為を筆者は**「心の借金」**と呼んでいます。心の借金は、借り入れ側も借入先も自分なので、一見無リスクに感じてしまうのかもしれませんが、そうではありません。なぜなら心の借金によって捻じ曲げた現実認識にどこかついていけない精神を無理矢理納得させる為にはさらなる心の借り入れが必要で、複利によって雪だるま式に膨らんだ心の借金を抱えたまま簡単に「破滅したくても破滅できない状態」にまで追い込まれてしまうからです。

破滅したくても破滅できない状態とは、「こうであるべき現実についていけない精神」が全く作用しなくなってしまった精神状態のことです。極端なブラック企業や暴力的な懲罰のある部活などを辞められなくなっている人は「自分はここで頑張るしかないんだ」という捻じ曲げた現実認識を借り入れる為に自分への信頼感を棄損し過ぎて、「捻じ曲げられたこうであるべき現実についていけない精神」を信頼する余力がなくなっているのだと考えられます。この場合「自分はここで頑張るしかないんだ」という捻じ曲がった現実認識を発生させている根本原因がブラック企業やブラック部活の側なので、物理的な距離さえ確保できれば短期間で心の借金を弁済していくことができますし「誰もあんな場所で頑張らなくていい」というシンプルな現状をすぐに再認識できるでしょう。しかし、捻じ曲がった現実認識を自ら望んで発生させている場合、それはもう、なんというかどうにもなりません。昔働いていた短期バイト先で、

「自分の実家が管理している墓の墓石はすごく高い高級品を使っている」

という話を本気で、大真面目にされたことがあります。どうリアクションをしたらいいのかわからなくて途方に暮れたいところですが、本人は至って真剣です。この場合、なんでもいいからとにかく自分を大きく見せたくて軽い気持ちで始めた「心の借金」が膨らみすぎて、一体自分でも自分がなんの話をしているのか全くわからない領域に突入してしまっているのだろうと思います。気の毒とは思いますが、このような空虚で誰にとっても真実を含まない会話に付き合う程ヒマな人生を生きている人はこの世のどこにもいません。

このように、心の借金をしている人は当たり前ですが、自分の心の借金を自覚する精神の余裕はありませんし、自覚がない為に自分の借金の利子を周囲の人に押し

付けてしまうことがあります。その人にとって心に差し迫る真実ではなく、何か捻じ曲げられた現実の設定に付き合わされている時間というのは、極端なことを言えば死んでいるようなものです。誰にとっても真実ではない、徒労感にまみれた虚無のプロパガンダに付き合うくらいであれば、本当に一次的に死んでいる方がまだマシかもしれません。なぜなら、心の負債には伝播する性質があるからです。金銭的な借金の感覚も人づてに伝播していくところがあるので、似たようなものかもしれません。発見も鮮度も実感も根拠もない、どこの地平にも接続していないうわべにうわべを塗り重ねたような虚無の上に立てた虚無の楼閣。そんなものが普通にあり得てしまう世の中は、正直なところ相当深刻に狂っているとは思うのですが、それで上手く成り立っている部分もあるので仕方がありません。この世というサグラダファミリアを凌駕する勢いで積み上げられた壮大な心の違法建築の俎上で、自分が心の借金を重ねない為にも、他人の心の借金からくる虚無の時間に付き合わされない為にも、現代を生きる我々は心の借金についてもっと詳しくなる、少なくとも存在を認識できるようになる必要があります。

筆者の「心の負債」弁済の道のり

そもそも、筆者がどのタイミングで**「心の負債」**について意識をするようになったのかというと、それは大学を辞めた時です。この時に、目に見えて、明らかに人生が良くなった自覚がありました。社会的に見れば大学を中退して学費を無駄にした上に就職もせずただ親に迷惑をかけただけのクズであって、なんらいいことはありません。それでもどうして人生が明らかに良くなったのか、それは心の借金をもうしないで済むということが自分にとって明らかになったからです。私は美術系の大学に進学しているのですが、美術系の大学は非常に学費が高いですし、何かこう選民思想や根拠の希薄なエリート意識みたいなものも常に蔓延しているので、その場にずっといると

「親に高い学費を払って貰って生涯年収に寄与しないような進学先を選んだのだから、何か世間が納得するようなすごいアートを表現したり、有名広告代理店に就職して社会的ステータスを得ることで周囲に成功の感じを実感してもらわなければならない」

という歪んだ現実認識にジワジワ脳が侵食されるような感覚が常にあります。正に、毒の沼地。歩いているだけで精神力がすり減らされていくこの沼地では、生まれ持った「どくタイプ」の人間しか元気満々ではいられません。誤解を招くかもしれませんが、筆者は何もすごいアートや有名広告代理店に対する批判的意見があるのではありません。そういった毒フィールドで心の借金をせずに元気マンマンでいられる人間であれば全く問題はないのですが、そんな磁場にナチュラルに適応できる人の方が少ないので心の借金が常態化してしまっている状況に問題があると考えているのです。

誰しもが当然のように「心の借金」を積み重ねて狂気の毒フィールドに耐える事態が蔓延してしまった結果、

「耐えるのが当たり前なんだ、真面目に勉強して真面目に就職して真面目に仕事をするルートから逃げて進学したのに、ここでも耐えられなかったら心底救いようがない本物のクズ人間になってしまうんだ、何か世間を納得させられる程の大人物にならなければいけない」

という、正にブラック企業にぶち込まれた社畜のような考えがジワジワ中枢神経を侵食し、大きな**「心の負債」**がいつしか見慣れた当たり前のものになってしまう。こうなってみると、当たり前のように公園を散歩している時のなんでもない幸福感が遠い別世界のものであるように感じられてきます。すごいアートとは。代理店の何も面白くない失礼なギャグの広告を、どういう心でイケているクールなものとして受け止めればいいのか。

私は、このまま物事がスムーズに進行してしまったら本当に死んだ方がマシな精神状態になるかもしれないと思って、大学を辞めました。その瞬間、世界が光に包まれたような感じがしました。「心の負債」の存在を克明に把握した瞬間です。

結局、どれほどの名誉や地位を獲得したところで心に自由がないと本当に何の意味も無い。「心の負債」から逃げ続けても、本当の意味で自由になれる日は絶対に来ないという当たり前の事実を痛感しました。親はものすごく残念そうにしていたので申し訳ないとは思いましたが、お金を出してくれたとはいえやはり他人です。私の心の景色や本当の幸せが何なのかなども絶対に伝わらないので、理解されないのもやむを得ません。むしろ、こうまでして心の自由を（大学の高い学費と引き換えに）「買った」以上は絶対に大切にしたい。この体験から、私は何事においても、

「もう知らねえよ」

という精神性を獲得しました。案外、大人ってかなりどうでもいいことというか、この世のどこにも存在していない架空の敵と本気で戦って無意味な血を流した結果生じている心の傷が多すぎるのです。美大なんて、そもそも社会的に無駄なこと（実は無駄ではないんですが社会通念上生産性がなく無駄ということになっている行為）に資源を注ぎ込みまくっているのに、それで内容も虚無（誰の心にとっても真実ではない）だとしたら、

こんなものは「最悪のやらせスタジアム」だよと思ったのですが、実は美大のみならず、この世は**やってる感だけで運営されている残念なやらせスタジアム**がかなり多いのです。むしろ、大学の時はバカにされていたチェーンの飲食店とか、どの店に入ってもすごい企業努力を重ねていて何もかもが涙ぐましいクオリティーに仕上がっているので、本当にあの閉鎖的で歪んだ価値観は何だったんだろうと思いました。自分の心が楽しいことをすればいい、これだけのことが、わからない。

そうなってみると、周りにいる人の見え方もガラリと一変しました。私にとって関わっていて楽しい尊敬できる人間の特徴を一言で申し上げるとこうです。

「自分の心にとって意味のあることをやっている人」

いや、当たり前だろと思われるかもしれませんが、こんなにシンプルなことができている人って、実は本当に少数派だなという印象なのです。かなり多くの人が、いつかは自分にとって意味のあることをやる人生にしようと思いつつ、死ぬ瞬間まで世間にとって意味のあることだけをただひたすらやり続けていたりします。それはそれでしっくりきているのであれば全然アリです。わざわざ手間暇かけてまで貫き通したいほどの自分が特にない（社会性に恵まれている能力者タイプの）場合はひたすら世間にとって意味があることをし続けている方が明らかに合理的ですし幸せになれるからです。この場合、自分を捻じ曲げたりなどもしていないので心の負債も生じません。正直なところ、誰もが認める異能の天才とかより偶然社会にハマれる能力者（自分にとって意味のあること＝世間にとって意味のあること）として生まれてきた人の方が幸福度が高いんじゃないかと思います。社会と自分の物差しが偶然完全一致しているわけですから。真に羨ましいのはピカソやアインシュタイン等の有名な偉人ではなくこのような人です。とはいえ、社会と自分の物差しが完全に一致することなんてそうはないでしょうから、ある程度の社会性能力者でも要所要所でバランスを調整していった方がより幸せになれるとは思います。

これもまた「気持ちの持ちよう」みたいな話だとは思うのですが、気持ちって全てだからそれを塗り替えるのって並大抵のことではありません。何を言われても、どんだけお金を差し出されても、恐ろしいことを言われ続けてもそれを突っぱねてまで自分にとって意味のあることをし続けるのって、ただでさえ心の体力がものすごく必要なので、心の借金とかあったらまず無理です。

心の多重債務者と心の富豪の明らかな差異

大学を辞めた後、主に関わる人が同じ大学に通っている人からバイト先やネットで知り合った多様な価値観の人に変わりました。それで私が大いにビックリしたのが、単にバイトをしている人でも「心の大富豪」と「心の多重債務者」とで余りにも周りに広がっている景色が違いすぎるという点です。心の多重債務者は、そもそも自分が最低賃金しか保証されていない「バイト」をしているという境遇に耐えられないので、現実を誤魔化すためになんだかよくわからないことを色々言ってきます。既に「もう（世間の言ってくることなんか）知らねえよ」という精神性をゲットしているこちらからすると、本当に意味がわからない内容です。読者からしても本当に全く意味がわからないとは思いますが、

「実家が管理している墓の墓石はすごく高い高級品を使っている」

とか、マジで意味不明な発言をしてくるのです。いや、本人にとってはすごく意味のある発言なんだと思います。本人的には、心の借金をし過ぎてもうかなり現実を捻じ曲げた上にさらなる債務を積み重ねることで新たな捻じ曲がった現実を作り出して生きているので、常人にはついていけない世界に突入しているといった感じであるのでしょう。もはや人間界には存在していないというか。

心の多重債務者がこうなってしまうのはアルバイトをしているからとかそういった話では全然ありません。大学教授とか政治家とか芸能人とかアーティストとか医者とかの社会的に高い地位にいる人間でもザラにいます。むしろ、政治家なんて餓鬼道住人のオンパレードかもしれません。碁石の自慢を本気でしてそうな政治家って全然思い浮かびますし、なんなら、もっと驚きのトークを日夜繰り広げている可能性の方が高いです。墓石の件もそうですが、本当にこうなってしまった人の心の支えって全く予想が付かない角度から突然繰り出されてくる向きがあります。先日もSNSでかつて学習塾が同じだった方から、

「水野は昔から仕上がっていたけど、算数は俺の方ができた」

というような内容のメンションを頂いて中々驚きました。しかし、これは大人の発言としては険しいものの、まだまだ圧倒的に理解できる範疇です。算数というと、やはり点数が出ますし、点数はと言えば高いと嬉しいということで有名というか。誰から見ても同じ物差しで受け止められる相対的な指標ではありますからそれが心の支えになっているメカニズムに対しては、まあ、一定の理解は可能です。この場合は多重債務者とまではいきませんが、リボ払いを続けて全然心の借金の元本が減らない人みたいな感じでしょうか。「エリート街道」みたいな心のツケのリボ払いを一生やり続けている方というか。別にいいんです。この世の本格的な狂気って生半可なものではありませんからこの程度であれば全然やっていける方というか。むしろ私のような毒の耐性が全然ない脆弱な人間よりはよっぽど偉人になれるかもしれません。多重債務者の発言はもっと突き抜けていて、

「絶対に的中する占い師にあなたはいずれ本を出すと言われた」

とかそういう話になってきます。もう、どう返答したらいいかわからないですね。逆転裁判でもやっているのか。本人的にはとにかく切実だということだけは伝わってきますから「幸あれ」と願うことしかできません。

「キャバクラに行ったら、モテちゃった」

などのシンプルですが全てにおいて矛盾点しかないエピソードも、本人としては真剣に話している可能性が高いのです。こんな徒労感しかない存在しないバーチャルの敵のようなものと戦い続けることに生きている時間を割く羽目になると思うと、借入先が自分だからって馬鹿にできない債務のツケが生じていると感じませんでしょうか？　自分だからこそ途方もなく深刻というか。

一方で**心の大富豪**は平然と全然違う世界を生きています。知人の話なのですが、

この方は休職中で何もしてない時期に、

妲己のコスプレをしてLADY GAGAのコンサートに行った

そうです。

ちなみに妲己《だっき》とは漫画『封神演義』に出てくるオシャレでセクシーなレオタードスーツを着ている悪女のキャラクターです。

どう捉えるかは人それぞれですが、ジェフ・ベゾスより心の面では確実に富豪だろうと思います。もちろん心も経済的にも大富豪というのが一番いいのは間違いないのですが、どちらかを選べと言われても難しいくらいにはどちらも大いに人生への影響力があると思うのです。**個人的にはどちらか選ぶなら勿論心**です。お金も結局は心を豊かにするために使うものだからです。本当に当たり前のことですが。

ここまでのエピソードを経た上で冒頭の井川氏の話を思い返して頂きたいのです。いかに大きな心の負債のツケが厄介なものか、ある程度はおわかり頂けたのではないでしょうか。繰り返すようですが、私は井川氏本人に問題があるというよりも、心の負債に対して誰も何も言ってくれないし、そもそも問題として認識することすらできない社会の構造上の盲点に問題があるんじゃないかと考えています。

「心の負債」、その解説と対策

続いて、「心の負債」の分類と対策について、具体例を交えて解説します。

【解説】①旬を逃し続ける　～心の借金界のリボ払い～

「いつかこれをやりたい」

というイメージは誰の心にもあります。

ベランダでハーブを栽培してみたいというささやかな憧れから、いつか小説家になって独立したいというビッグな野望まで、サイズ感は様々ですが、どの野望にも共通して言えることは、**熱意には「旬」がある**ということです。それも割と明確にあります。閃いた瞬間に取り組むのが常にベストだということもないのですが、逃し続けるとそれはジワジワ失望の感を放ち始めます。この失望の感とは、いつまで経っても実現したいことに手を付けない自分に対する失望感です。私は心の借金を、

「こうでありたい自分」と「現実」の差異を埋める為に自分への信頼感と引き換えに現実認識を歪める行為

と定義しているのですが、熱意の「旬」を逃すことも、この定義に合致します。しかも、当初は別に借金ではないのに**時間経過と共にジワジワ負債が生じてくるという実感が湧きづらいリボ払いのようなシステム**になっているので油断ができません。どうしてこうなってしまうのでしょうか。それは、時間が経てば経つほど、実際に自分が行動して現実をイメージと合致させる可能性は低下しているのに、現実認識としては「いつかこうなっている自分」というイメージを保ち続けなければならず、したがって時間が経てば経つほどこうであるべき現実へと認識を歪める為に

必要なエネルギー量、自分への信頼の総量が増えていってしまうからです。当初は報酬（こうなれるかも知れないという自分の将来への期待）のみを与えて、時間が経つと共に報酬は無くなり返済ばかりに心を持っていかれて借金の元本は全然減らないという性質を考えると、まさに心の借金界のリボ払いと言うにふさわしい負債です。

長年「やりたいけどやらない」という精神状態をキープし続けると、物事に対して「どうせこれも実現しないんだろうな」とうっすら事前に諦めてしまうクセが身に付いてしまいます。そうなると、代償として腹の底では虚空に向けて謎の我慢をし続けることになります。何をしていても腑の底でセルフ忍耐のエネルギーのようなものが煮えたぎっているので、ストレスが溜まりますし、思い切ってやりたいことにチャレンジしたり友人に心からの笑顔を向けることができません。それどころか、次第に我慢のエネルギーがコントロールできなくなってとんでもない形で暴発したりあるいは、人を傷つけるマジでヤバイ負のエネルギーになってしまったりします。こうなってくると、発言の全てが難癖や嫌がらせ、遠回しな批判や見下しといった負債のオンパレードになってしまい、周りから人がいなくなって孤立します。最初はちょっとした夢や憧れの前借りくらいのつもりだったのに、こうも損失が大きくなるとは……心の借金界のリボ払いと説明した理由がおわかり頂けたのではないでしょうか。

【対策】［1］

・心の旬を見逃さないようにする

心に旬があるという情報を得ただけで、なんの対策もしていないよりは相当マシになります。やはり心には旬があります。冷静に考えれば当たり前ですが、我々はつい消費者としての訓練を受けすぎているので、心の欲求を製造企業の供給に対応する「消費財の需要」といった統計学的なものとして捉えてしまいがちです。それは社会のサイクルの中で訓練された消費者がある一定のタイミングごとに需要を吐き出し、それに伴って商品が供給されるというシステムに染まりすぎているからだと思うのですが、旬が過ぎ去ってカピカピになった回転寿司のような野望に手をかけても、心は何の躍動もしません。そうなってくると、ますますその失望感を味わなくて済むように現実を歪曲するエネルギーが必要になってきますからホールドし続ければし続けるほど損が増大します。

もう何も心が動かなくなっている野望は、今から手を出す可能性もかなり低いので思い切って全部捨てましょう。毎年年始に「やりたかったけどまだ手をつけていないこと」の棚卸しと整理をするといいでしょう。負債に苦しんでいる人はできれば即日諦めてください。諦めるというと、マイナスのイメージがあるし、一旦ガッカリしなければいけないようで気が重いかも知れませんが、心配の必要はありません。心の負債を整理するとすごく気分が爽快になりますし、気力を取り戻したことで直ぐに次のやりたいことがありありと思い浮かんできます。それは、負債として抱えていたものよりもずっと自分の心をワクワクさせてくれますし、実行に移せる可能性も高いのです。同様に買ったけど一度も着てない服、一度も読んでない本、一度も弾いてない楽器などもできれば捨てた方がいいでしょう。物質があると毎日負債の証拠が目に入って来てしまいますから、家の中に心の差し押さえの紙が貼り付けられているようなものです。どう考えても精神によくありません。

・具体的に手順を思い浮かべる

直近の筆者のささやかな野望としましては、今住んでいる家の風呂場に小窓があるので、そこに素敵な色の瓶を並べて、それぞれにいろんな効能のバスソルトを入れて飾っておきたいというものです。このささやかなプランには、野望が負債にならないような事前対策がしてあります。どのような対策かというと、それはプロセスの具体化です。「やりたさ」「こうでありたさ」を思い浮かべると同時に、具体的な手順やプラン、できれば予算や実現までにかける期間などを思い浮かべるというものです。

なぜ具体的な手順を思い浮かべることで野望が負債になりづらくなるのでしょうか。それは**「実現に向けた行動を起こさずに、実現した自分への期待という果実だけを先に味わってしまう行為」**が「現実」と「現実認識」の間にギャップを生み出し、ひいてはそれが**心の借金へと変貌**していってしまうからです。したがって、常にやりたさ、なりたさに並走してそれを実現するための具体的プランをイメージしていればこのタイプの心の借金は滅多に生じません。やるのも自分とわかっていれば、無理な大風呂敷も広げずに済みますし、広げたら広げた分だけ自分を鼓舞する結果にもに繋がります。この対策のよい点は、心の借金が生じ難いのみならず、プロセスを具体的に考えるようにすることで、実現が難しそうな場合は早期の段階で諦めたり別の手段を用いるなどの路線変更ができるという点です。

特にありがちなのが、「有名になる」「成功する」などの抽象的かつ大きすぎる野望を思い浮かべてしまったせいで、どこから手をつけたらいいのかわからず、途方に暮れて、かといって諦め方もわからずに巨大な心の不良債権が形成されてしまうという形の心の負債です。唐突な話で恐縮ですが、庵野秀明にとって『エヴァンゲリオン』の終わらせ方がどれだけ心の負債になっていたのかと思うと頭を抱え込みたくなるほど気の毒になります。あれだけの大きな心の負債（しかも本人のせいではない）を返済しきった胆力には本当に驚かされます（※）。こんな無理をしたら誰でも5年くらいは激鬱になると思いますので、常人は絶対に真似しない方がいいタイプの胆力です。大きくて抽象的でどこから手をつけたらいいのか見当がつかない野望にはできるだけ早めに見切りを付けて、**具体的かつ小規模の野望を次々に試していく**のがいいと思います。

「持続こそが力、飽きる人間は雑魚」みたいな言説がありますが、そのような外野の声は知ったことではありません。飽きてOK。他人には変化せず一定の状態を保ち続けていて欲しいという考えは人類全般にありがちなエゴですので、気にしなく

（※筆者は『まごころを、君に』の終わらせ方で完全に納得しています。）

て大丈夫です。

また、よく「実現したいことをSNSなどで宣言するといい」という意見を耳にしますが、筆者はこれには全面的には賛成できません。特に公開アカウントのSNSでは誰が見ているかわかりませんし、実現しやすくなるプラスの効能と引き換えに、実現しなかったときに負うハメになる心の負債の額も飛躍的に増加してしまうからです。**SNSで野望を宣言する行為は自分の心の旬にレバレッジをかける行為**と考えて勝算（実際に自分が取り組める可能性）が高い時のみ実行するのが無難だと思っています。

【解説】②他人の賞賛によって自分を価値づけようとする

これは最もありふれた心の借金の類型なので想像しやすいかと思います。キャバクラ、ホストクラブ、ブランド品、高級店に行ったPR活動などに依存しすぎている精神状況です。また派手にお金を使っていなくても**他人への心のカツアゲが常態化している**というケースもあります。この場合は健全な関係の友人がほとんどいなくなり、異性のなんだかよくわからない感じの人ばかりが身辺をうろついていたりすることもよくあります。このケースは典型的と言えるほどよく見られるものなので、このような人物と知り合った場合には親しくなる前に念の為ワンクッション置いた方が無難かもしれません。

派手な金銭感覚のケースで言えば、**目先の賞賛と引き換えに多額の金銭を支払っているので、一見借り入れがないように感じてしまう**のがこのタイプの負債の厄介なポイントです。心の借金の埋め合わせになるものは「自分の心の納得」だけなので、いくら現金を支払っても代わりになってくれることはありません。むしろ、大金を支払うことで強引に「納得しているんだから大金を払っているんだ」と自分自身に言い聞かせてしまって、余計に心の借金が雪だるま式に肥大化してしまうのが特徴です。このケースでは自分の心にとってどれくらいの納得感があるのか判断ができなくなっているので「いくらお金を注ぎ込んだか」という指標で自分の心を確認しようとしているのですが、これは当然逆効果です。この場合は、**本気で行くところまで行って自己破産等を一通り経験しておいた方が、人生全体で考えるとメリットが多い**んじゃないかなと筆者は考えております。

【対策】 ②

自己破産がオススメとはいえ、**「じゃあします！」** といかない事情もよくわかります。そりゃあそうです。自分で破滅が受け入れられるのであれば、そうそう心の負債を抱えることもありません。また、いくところまではいかなくてもいいほどの依存、例えばスマホゲームやコスメ等の異常な浪費くらいであれば今日の狂った世の中においては十分普通の範囲内なのでわざわざ破産をする必要もありません。じゃあどうするのかというと、非常にシンプルかつ効果的な対策があります。それは、ＳＮＳに載せないし特に誰にも言わない活動を増やしていくことです。活動って言っちゃうと、なんだか実に大げさな感じがしますが、

「すごく久しぶりにスーパーでぽたぽた焼きを買ってきて食べてみた。しみじみうまい」

とかで構いません。やったあとノートに一行くらいの感想をメモするといいでしょう。ノートは誰にも見せてはいけません。具体的な内容が思い浮かばないという方もいらっしゃると思いますので、やったらいいことを箇条書きにしました。さ

ほどお金がかからないことばかりなので適当に選んで試して見てください。試したら一行の感想も書いてください。別にノートじゃなくてスマホのメモでも大丈夫なのですが、ネットから遮断されているノートの方がより一層「誰も見てない感」を盛り上げてくれるのでできればこちらの方がいいかなと思います。チラシの裏紙などでも構いません。

1 スマホの地図を見て、自宅から徒歩で行ける一番大きな池まで歩いて池を見て帰ってくる
2 行ったことがないチェーン店に入ってみる
3 図書館に行って普段借りないジャンルの棚の本を2冊借りる
4 部屋の中にある一番嫌いなものと二番目に嫌いなものを捨てる
5 明日の朝いつもより2時間早起きして近所のモーニングをやってる喫茶店に行く
6 好きな人物を一人思い浮かべて、その人になんの前触れもなくちょっとした贈り物をする

⑦カゴに入れようとしたコンビニスイーツを家で自作してみる

⑧どんな形でもいいので、燃えている火がある場所を探して燃えている火を小一時間ほど見る

⑨今財布の中にある小銭を一旦、全部募金

⑩何か特定の趣味の知見がある知人に自分にオススメの本・漫画・映画・音楽はあるか聞いてそれを楽しんでみる（いなければ知恵袋）

「バズり」、「賞賛」を気にせず誰にも見られていないところで勝手に心を充実させる能力のことを私は**「実力」**と呼んでいます。今の人々が渇望してやまないものってシンプルに「実力」ではないか、私はこのように考えています。「好きが仕事になる」と言えば一見聞こえはいいのですが、これは裏を返すと「好きなことすらビジネスにされてしまう」とも言えます。好きだからこそ黙っていたい。そういう心の実力がないと、人生がそっくりステマみたいになってしまいます。筆者は、現代を生きる人はもっと好きなことをパブリックに持ち込まない心の防御力を鍛えるべきだと考えているのです。ある部分で線引きがあった方がいいというか。繋がらな

い精神力がないとやっていられない場面も多々ある。むしろ、本当に長期的なスパンで仕事として成立していく趣味というものは、安易にソーシャルと繋がらず自閉的領域で熱心に育てたものばかりです。あだ花のように乱れ咲く種々の狂乱についつい目が言ってしまうのが世の常ですが、本当に自分がそうなりたいか真剣に考えたら「違うな」となる人が多いのではないでしょうか。単に真剣に考える力を喪失しているだけで。付け焼き刃のものばかりが蔓延っている世の中に見えるかも知れませんが、付け焼き刃のものは持続しませんから安心してください。次々に現れては消えて入れ替わっているからそればかりに見えているだけです。まさに淀みに浮かぶうたかたと言いますか。脱サラ開業したラーメン屋みたいなものだと思ってください。無くなりはしませんが、どれもこれもそう続いてません。やはり客が継続的に金を払うのは実力の伴ったものです。付け焼き刃っぽいのに続いているように見えるものは、見えないところで実力の方も頑張っているケースが大半です。

【解説】③自分の目の前に差し迫っている問題を他人に押し付けて解決したことにする

例えばですが、年収が低いせいでプライドが保てなくなっている人物が、プライドを保つためにパートナーを殴り続ける行為などがこれに該当します。この場合、殴っている側は「パートナーがどうしようもない人間だからこうするしかない」などの**無理のある合理化をすることで現実を歪め、努力をせずに「プライドが保たれている」ことにしています。**なっていませんが。実際には収入とプライドが直結している考えに問題があるので、ちゃんと心に向き合えば必ずしも収入を上げる努力をする必要はないのですが、厄介な自分の心の問題に直面するのは面倒ですし、そうした場合のメリットを誰かにわかりやすく教えて貰えるわけでもないので、手っ取り早く殴る、怒鳴る、威張るなどの事実上嫌われる行為で目先の解決を得ようとしてしまうというパターンの心の借金です。この場合、あまり現実をごまかすことができていない（自分の心にもバレバレ）なので、殴りによって一時的に保たれたかのように見える借金の効能は直ぐに溶けます。まさに、溶ける。

陰謀論や例えば極端に占いの話ばかりをして過剰に依存しすぎている人などもライトな事例ですがここに該当するでしょう。このタイプの心の借金は得られるものが少ないのに支払う代償は多く、「破滅」に持ち込むのも難しいので八方塞がりになりがちです。正直なところ、身の回りにこのケースに該当する人物がいる場合、全力で逃げるしかできることがありません。

【対策】 ③

逃げる。

・自分が③のケースの心の負債を抱えて悩んでいる場合

同じような悩みを持つ人の自助会に参加する。専門医のカウンセリングを受ける。問題の深刻さに直面する。しばらく一人になって過ごす。刑務所の見学に行く。本を読むなど、どんな形でもいいから人の話を聞く訓練を積む。いっそのこと出家する。

【解説】 ④**憧れ、夢、期待、野望の前借りをする**

「旬逃し」と似ていますが、こちらの方が借金の手法としてはダイレクトです。旬逃しがリボ払いであるとすれば、こちらはカードローンと言えるのかもしれません。

恐ろしいのは、旬逃しに比べて借りれる額が桁違いに増えてくるという点です。クラウドファンディングがわかりやすい例ですが、夢や野望はわかりやすく投資の対象になります。**「何かになりたい自分」**と**「何かに向けて行動している自分」の二者は全くの別物**なのですが、行動を起こすよりも「なりたさ」「やりたさ」だけを抽出して味わっている方が、即時的なリターンは大きいのです。

わかりやすい例が「漫画家になりたいけどなぜか一向に漫画を描かない人」です。なぜこうなっているのか、本職の人から見たら理解に苦しむ部分があるかもしれませんが、むしろ具体的な行動を起こさない方がリターンが大きいからそうしているだけの話なのです。つまりこの行動は不合理なのではなくて、見ている時間軸が違うから別の形の合理性が発生してしまっているという話なのです。行動が合理的である以上は、説得することは難しいです。幸いこの手の心の借金は単に「時期」であることが多いので、ある程度の段階で自然と破滅に到達していくケースが多いのですが、困難なのは、何らかの理由でギリギリ破滅には至らず長年持続している場合です。

【対策】④

結論：「なりたさ」「やりたさ」をやりに行く

問題は、「なりたいものになれない現実」ではなく、**「本当はこのやり方ではなれないことが薄々わかっているのに、なれる前提でいかないと前提が成立しなくなってしまうから現実認識を歪め続ける必要がある」**点にあります。つまり「なれないけどなりたい人としてそういう方向で前向きに風通しの良い心で人生をエンジョイしていきたい」という方向に精神面を切り替えてしまえば心の借金をする必然性が消失して問題は万事解決します。

意外かもしれませんが、このようにして心の風通しをよくして行くと「なりたさ」「やりたさ」が別のエネルギーに変質してある一つの独自の表現に結実するというケースは結構あるのです。むしろ、一度も「なれなさ」を経ずにストレートになりたいものになっている人の方が実は少ないのかもしれません。

例えばイラストレーターを志している人が専門性を突き詰めていく過程では、案外「描かないもの」を決めていく工程が重要だったりします。例えば写実的なタッチの絵は描かないとか、工業製品や爬虫類は描かないようにしようとか。全然絵が上手くない私がこんなことを言うのも何だかおこがましくて申し訳ないのですが、このようにして描かないものを決めることで描くものに対して知識や技術などのリソースを集中的に投入することができます。そうやってより高度な専門性を獲得していく過程が重要なのです。もし、描かないものを全く決めずに「何でも言われたら描きます！」という方針で仕事を続けてしまうと、あまり専門性が身に付かないので、いずれは仕事全体が立ち行かなくなってしまいます。特にサービス業が主要産業となった現代は専門性が求められますのでこの傾向が顕著です。

何が言いたかったのかというと、**どのような道を選んだにせよ、その中でやること、やらないことを選択して手放していく過程は絶対に必要**なので、今持っている夢や憧れの一つを手放すくらいのことでそうもビビり倒す必要はないということです。「0か100か」みたいな話ではありませんし、実はやりたいことを絞って行く作業の中で本当に望んでいる何かに出会えることも多いので安心してください。

なるべく失うものが少ないマシな「破滅」のやり方

破滅に興味があるという方に是非お読みいただきたいのがこちらです。

『内藤ルネ自伝　すべてを失くして』

イラストレーターの内藤ルネさんが詐欺に合い破滅の渦中で大いに人生をエンジョイしている（ように見える）傑作自伝エッセイです。このエッセイ本の魅力をご紹介するにあたって説明したい概念があります。それは**「エンジョイ係数」**です。これは心の借金とは違い、**人生の幸福感に無リスクで係数を乗算できる裏技のような概念**です。

例えば、「制服ディズニー」をやっている人なんかにはこのエンジョイ係数がかなり高い数値でかかっていることが予想されます。制服ディズニーとは文字通り高校の制服を着てディズニーランドにインパ（in park）するという満喫メソッドです。これをやっている人は、

・自分らは今「高校生」という人生の中で最も華やかであっという間に過ぎ去ってしまう「シーズン」の「渦中」である

・この「シーズン」が「過ぎ去ったら」「もう二度とできない」ことをしている

・「生涯思い出す」であろうことうけあいの「ベストメモリー(走馬灯確実)」の「只中」にいる

という「自認」を克明に思い描き抱いた上でディズニーリゾートを満喫しておりますので、楽しさ・幸福感の総量が尋常ではないと予想されます(筆者はやったことがないのであくまで想像です)。

重要なのは、**「自認」を「やりに行く」/「獲りに行く」**という究極的な積極姿勢です。日頃から係数を多用していくと、お金がかかる楽しみとお金がかからない楽しみの差があまりなくなっていきます。要は、**どんだけ自分の態度を本格サイドに持っていけるかの話**でしかないからです。そういう意味でお金は、自分の**「マジ度」を証**

明する手札として非常に汎用性が高いです。命が具現化したカードみたいなものですから、何枚か燃やすことで**実力**（他人や社会が何と言ってもマジへと垂直であり続ける精神性）のエンジョイ係数を積み増ししていくことができます。ところが、心の借金をし過ぎている人は自分自身への信用が毀損されていますから、当然自分の命が具現化したものである「お金」への信頼感も当然連動して低下してしまっています。**心のハイパーインフレ、心のジンバブエドル状態**というか。こうなってくると、莫大な借金を積み上げたり滅茶苦茶な金遣いで放蕩の限りを尽くしても虚しくなるだけ。物質的には沢山のものやサービスが受けられても、心としては大量に積み上げた札束でパン一つ分の喜びすら得られない、という状態になっているのです。

「他人の賞賛によって自分を価値づけようとする」の項目内で

「すごく久しぶりにスーパーでぽたぽた焼きを買ってきて食べてみた。しみじみうまい」

という例をあげましたが、実はこれには元になったエピソードがあります。と言っても私自身が体験したものではありません。高校生の時に読んだ大竹まことのエッセイに、

　キャバクラに行って散財しても翌日はどこか虚しい。スーパーでぽたぽた焼を買って来て食べれば200円もしないのに、キャバクラよりもよっぽどの充実感がある。人生というのは一体なんだというのだろうか。

という感じの、ほとんど中国の故事成語に出てくる老人のボヤキみたいなエピソードがあったのですが、筆者はこの話が忘れられなくてずっと頭の片隅にありました。

何故ならば、このケースでもやはり心のハイパーインフレが起きているからです。金という命引換券をガンガン燃やしても、得られるエンジョイ係数が全然ない。一方で、ぽたぽた焼きを買うときのお金の使い方は実力ベース（他人にどう思われようとは考えずに「そういえば、ぽたぽた焼きってうまかったよな」と自力で気が付いて購入することに成功している）なので相応の幸せを得られているという極めてわかりやすい実例なのです。

この実例からわかるように、**真に恐るべきは「破滅」ではなく全てに対するエンジョイ係数が限りなく0に近くなっていくこと**です。そうなったら、多分もう生きていない方が幸せなんじゃないかと思います。裏を返せば、**実のところ「破滅」は全然恐れる必要がございません。**

なぜならば、「破滅」とはエンジョイ係数のボーナスステージだからです！

「破滅」を自ずからやりに行け

ここで先ほど紹介した内藤ルネ氏の著書に話を戻したいのですが、氏はエンジョイ係数を積むことに関して異常な程の天賦の才能を有しています。だからこそ戦後の日本で色々なムーヴメントを生み出す立役者になったのだと思いますが（Tシャツやジーンズを流行らせたなどの実績がある）、破滅の渦中でもその手腕が遺憾無く発揮されます。墜落していく自分の姿を破滅した女優になぞらえ、DIYしたお気に入りのインテリアに囲まれて黄昏る様子は人生を美味しく調理するのが美味すぎるだろとしか思えません……勿論本人は想像を絶する苦労があったのだとは思いますが、どこまでいってもやはり究極的には「楽しそう」なのです。この感性だけは誰にも奪うことができませんし、そもそも自分の心にしか意味がない宝石箱なのです。

自分以外見向きもしないものに最も大きな価値がある。

心のハイパーインフレ禍にある人は、要するにたったこれだけのことがわからなくなってしまっているのです。またそれは本人に問題があるのではなく、たったこれだけの真実がわからなくなってしまうくらい心と資本が相対化されていない今の世の中の構造に問題があります。

心ベースで見て行くと逮捕は「得」でしかない

経済的には損失が大きいのかもしれませんが、心ベースで逮捕を見て行くと実は得ばかりなのです。社会的な名声や立場を失い、限られた関わりの中で内心に向き合って行くしかないので、かなりのハイペースで負債を返済して行くことができる上に、シャバでは考えられないスピード感で心の資産（生き方の軸になるような価値観やオリジナルのよろこびの発見）を蓄積して行くことすら可能です。もともと心の無借金経営をしている人が入っても得はないですが、犯罪を実行する段階の人間はかなりの心の負債を抱えている可能性が非常に高いので、諸手を挙げて大喜びで刑務所に収監されてもおかしくないほどだと筆者は考えております。

「俺はいいけど、矢沢はどうかな？」現象

「俺はいいけど、矢沢はどうかな？」とは、あの有名なロックスター矢沢永吉さんが、ホテルのロイヤルスウィートがブッキングできなかったことを告げるスタッフに返した言葉とされている逸話です。これは有名なエピソードですが、矢沢本人もインタビューで否定をしていましたので事実ではないという見方が一般的です。まあ、それはどっちでもいいのですが、ここで矢沢が「どうかな？」と言っているのは、多くの人に憧れられているロックスターとして、庶民的な場所に存在していてもいいのだろうか、という問いを（自分や周囲のスタッフに対して）投げかけるためです。ロックスターであるならばやった方がいい問いであることは確実です。しかし、**特に矢沢永吉ではない**のに、見られ方を意識しすぎて「こんな自分はどうかな？」という問いを投げ始めると、人生（行動の目的と手段を選択する基準）がジワジワ自分でコ

ントロールできるものではなくなってがんじがらめになっていきます。

つまり、個人的なわたくしの他に、何をしていても周りから見られている、公的なものとして取り扱われる大文字のわたくしのようなものを多くの人が纏っているために、自分にとって必要な仕事の内容や、生活環境以上に、いわゆる「マイ矢沢」にふさわしい見られ方を求めしまっているという問題が生じているように思うのです。以前、芸能のお仕事をされている方が、

「アルバイトを辞めた時に、私は私になりました」

と言っているの見かけて、わからなくもないんですが、ある一面では疑問を抱きました。これは要するに、芸能活動の収入が増えてアルバイトを辞めることができたその瞬間を「プロになった瞬間＝私になった瞬間」と捉えているということです。それだけで生活をしていくのだから、プロとしての自覚がそこで完成した、という話でしたらよくわかります。ですが「私になった」という表現の背後にあるものを考えると、なんだか恐ろしい話でもあります。

なぜならば、そこには「周囲からの見られ方や社会的ステータス＝私そのもの」という発想があるからです。社会の中に属している人格としてステータスと自己認識が一体化していく感覚は全くないとそれはそれで大変なのでいいのですが、問題は個人と社会の関係（ある人が社会と対面するときに持つ人格）ではなく、個人が私的領域の中で持つ自我が見られ方や社会的ステータスと強く融合し一体化しやすくなっている、という点です。

これはSNSによって、各自の私的な領域に対する評価や反応が常に数値化という「大きな社会システムの要請」に対応しているせいで起きている現象です。結果として、別に矢沢ではない人が特に求められているわけでもないのに「どうかな？」ということを考え続けてしまうという不毛さが生じています。

「どうかな？」

って他人が言われたところで、知らないし、なんでもいいから好きにしなよって感じでしかないのですが、本人からすると本当に自分が矢沢と同じくらいの重要人物だとしか思えなくなっていると言うか。

自分というのは自分にとってはかけがえのない大切な存在ですから本人にとってはもちろんその通りです。しかし、他人にとって「自分」とはただの他人でしかありません。ＳＮＳは常に「世界：自分」という一対多数の対応で情報が現れてくるのでこういう感覚が麻痺して希薄になってしまうリスクがあります。こういう感覚の麻痺をそのままにしておいた人物はこうなるかもしれない、というモデルケースを示します。

何かを表現する職に就きたいと思いつつ、美大進学するほどの思い切りはなかったので都内の文系大学の芸術学部に入学したAさん。在学中に自分にできることを模索しながら、発展途上国の支援について YouTube で発信する活動を始める。同時にマイノリティーに関するイシューを述べるライターとして活動を始め、ポエトリーリーディング作家としても活動しつつ、小劇団の役者としても活動。ツイッターでは短歌・自由律俳句の発表をメインに活動し、幼少期に習っていたピアノ演奏の技術を活かし、即興演奏と水墨画のコラボを実現。（※実在しません）

実在しませんが、読んでいて心が痛くなります。なんで痛くなるのかというと、この人物は自分なりにできることを精一杯やっているからです。やっているのですが、視野が歪んでいるせいで、目的に対してやり方がとことん間違っています。しかも、この間違いについて客観的な理解を促すのはすごく難しいんじゃないか、というところまでなんとなく感じられてしまう。そういう心苦しさがなんとなく伝わってしまうので、活動の全体が目的に対して逆効果になってしまっている哀しさまであります。これは現代に生きる我々にとって誰も他人事ではない問題なので、笑ってはいけません。何が問題なのか、真摯に向き合って考えなければいけない（Aさんが実在していないのでよかった）。問題は、次の一点に集約されます。それは、

なにも諦めなかったこと

これに、尽きるのではないでしょうか。

「諦めて！」（逆真矢みき）

やりたいことがある場合、諦めなければいけません。何を諦めるのかというと、自分にとってどうでもいいことです。やりたいことを探す、というとなんだか大いなるものを発見をしなければいけない気がします。しかし、案外そうでもありません。なぜならば全くやりたくないことなんてそもそも手をつけないからです。それよりも、少し興味があることの中からわざわざ自分がやらなくてもいいことを発見して排除することで集中すべき対象を明確にしていくことが実は肝心です。現代は情報が氾濫しているので特にそうです。

特にやりたいわけでもないことを、いつまで経っても諦めようとしない

という姿勢が、人生を破滅的な状況に導く可能性を招いているのです。なぜ、諦めない姿勢が人生を破滅的な方面へ導くのでしょうか。それはやはり、何かを選ぶということはそれ以外のものを選択的に手放すということだからです。モデルケー

図3-1　逆真矢みき

スのAさんの例でも、美術系も文系も、どちらの選択肢も選びきれなかった結果、消極的な選択としてどちらとも取れる美術学部に入学してしまった態度が破滅的です。実は、これはギャンブルで破滅をする人とやっていることは同じです。

ギャンブルで破滅する人が、なぜ破滅するまでギャンブルを続けてしまうのかというと、それは「損切りのライン」を設定していないからです。5万円以上負けたらもうやめるという基準がない。逆に、5万円以上勝ったらもうやめるといった利益確保の基準もありません。ドカンと一発、いつかどこかで逆転する夢を捨てきれない。だから、現実的に勝てる見込みがほとんどない地点にまで追い詰められていても借りるだけの借金をしてしまう。そして案の定奇跡は起こらずに破滅をします。諦めないという姿勢もこれに同じです。

どれかはなんかになるかもしれない、いつかはなんかがあるかもしれない、と考えて自分の人生の可能性を闇雲にベットし続けている狂いに狂ったギャンブル狂、人生狂若者卍、それが諦めない人の実態です。ギャンブルなら奇跡が起こり続ける可能性も一応なくはないですが、人生となると奇跡って基本的に起こらないので、普通に破滅に向かいます。

自分を満足させるよりも先に、他者からの見られ方の中に咲く自分としての、矢沢感を完成させなければならないというプレッシャーに追われやすいのが現代です。そうなると、自分が心からやりたいことはひとまずおいて「とにかくマイ矢沢がそれっぽく成立するような何か」を一刻も早く得たいと考えてしまうのも自然の成り行きの範疇かなとも思うのです。しかし、なんでもいいからマイ矢沢を作ろうとして変に焦っても虚無になって終わります。恐ろしい話です。

矢沢はバイトしてても矢沢

そもそも原点に還って考えると、矢沢永吉さんはホテルのスウィートルームに宿泊しているから、矢沢永吉でいられるわけではありません。むしろ、狭い3段ベッドのドミトリーで寝泊まりしても矢沢だからこそ矢沢永吉なのです。当たり前ですが。ところが、手っ取り早く、見掛け倒しでもいいから矢沢感を得たいと考えてしまっている人は、非合理な妄執に囚われてしまっているので、スウィートルームに泊まらなければ矢沢になれない、すなわち、アルバイトをしている私なんて、私とは言えない、と考えてしまうというわけです。発想の流れを整理すると、この考えがいかに非合理的かおわかりいただけるんじゃないでしょうか。

矢沢三原則

こんなに恐ろしい話が続いてシャバダバになってしまった方もいらっしゃるかもしれませんが、ご安心ください。破滅を避ける方法は極めてシンプルです。それは、自分にとってどうでもいいことは、バズりそうでも手を出さないということです。色々やってみるのは全く問題がないのですが、

矢沢三原則

①その行動は外的な要請（流行り、流行）が基準になっていませんか？

2 自分にとってどうでもいいことではありませんか？

3 体裁を整えるためにやろうとしていませんか？

この三点をコンプリートする行為に手を出さなければ比較的大丈夫と思われます。矢沢が先か、スウィートルームが先か。考えるまでもありませんね。「どうかな？」みたいな話はまず矢沢になってから考えればいいのです。

最後に

【朗報】

脳は無料！

〈巻末付録〉

不感症的な文章では人の心は摑めない

「個性」について考えていく上で、面白い質問をいただきました。

「面白い文章かどうかって、どうやって判断していますか？」

残念ながら、面白い文章かどうか、自分では判断が難しいように感じた文章は、他人から見た場合にあまり面白くない文章である可能性が高いと考えられます。なぜならば、自分の内心に浮かび上がった考えやイメージを文章にするために没頭し、集中と充実を経た後であれば、「これは面白いかな？」という気持ちはあまり生じないからです。没頭の後に気になることは「自分の伝えたいことがちゃんと伝わる文章になっているかどうか」です。面白いかどうかを判断するのは究極的には他人であって、筆者自身が判断できるものではありません。「伝わるかどうか」の葛藤以前の文章は「解釈の実力のある読み手が面白い読み方をしてくれれば面白い可能性がある文章」です。少数の実力者にしか見出すことができないハードルが高い魅力を備えた文章も素敵ですが、偶然頼りになってしまいますし、より多くの人に興味を持ってもらうのは困難であることが多いでしょう。

何事も内容ですが、文章を書いて評価してもらおうと考えた場合、映像などの表現と比べてしまえば、伝え方自体に工夫の余地が少ない文章表現ではより一層シビアに内容が求められます。「内容」とは。もう少し噛み砕いて考えると「筆者本人の心中でどれだけ大きな事件が起こっているか」、私はこれに尽きると考えています。さして事件が起こらない小説であっても、人物の心中にすごく大きな事件が起きていれば興味深く読むことができますし、ビルが大爆発をすると言われても、感情のエネルギー（臨場感）が発生していなければ、ただの迷惑な爆発です。

ルポルタージュやノンフィクションの文章であっても、書いている人が出来事に対して不感症的な態度を取っている場合、とても読めたものにはなりません。できる限り中立的な視点を心がけている筆致の文章であったとしても、筆者には必ず主観があり、心があり、中立的な態度で物事に対するのは不可能であり不誠実であって、その中で最大限の中立的な視座に落とし込む為の葛藤や苦悩があるから内容が価値や重みを内包し面白くなるのです。したがって、つまらない文章を以下のように言い表すことができます。

「私は冷静で中立的な視点で物事を俯瞰している」という自己認識によって書かれた、文章の中で起きている出来事に筆者本人の心がコミットしていない、素通りしている文章。

これでは面白くなりようがないし、どんなに伝え方を工夫したところで誰も読み方がわかりません。美術大学に通っていた頃には、課題の発表時に次のような失敗例をよく見ました。

作者が作品と自分の心を切り離して、伝え方・見せ方の工夫のみに時間やエネルギーを費やす。結果自分の心と表現上の工夫がチグハグになり、上滑りをして、技術的には上手くて小慣れているのに退屈で小っ恥ずかしい表現になってしまう。

これは全く他人事ではありません。なぜなら、「物事を自分ごととして捉える訓練」をほとんどの人が全くやっていないからです。美大受験は特に、極端に物事を他人事として捉える訓練のオンパレードです。他人事の訓練で評価をされて大学に合格したのに、その後一旦自分の心をその場から排除する癖に気がついて表現の仕方を再構築するのは至難の技です。美術大学では周りの人も過度な他人事感に適応した上で入学しているので、自覚を得るチャンスがほとんどありません。私自身はどう隠してもごまかしても、絶対に無知で馬鹿げていて浅はかで低レベルな自分が表にでてきてしまう、自我やクセが強すぎるタイプだったので、仕方なく出てきてしまうものをよくするしかないという意識で取り組みましたが、自我を上手に隠蔽できるようになった人が再び心を持ち出すのは困難です。美大受験を経ていなくても、一般的に高校生までは自我を隠蔽すればするほど評価されるので隠蔽のクセが身体の隅々まで染み渡っている人も少なくありません。こう言ってしまうとオシャレで嬉しいかもしれませんが、言わば全員が『HUNTER × HUNTER』のキルアのような感じになっているのです。どうやって心の隠蔽グセを克服すればいいのか。大丈夫です。至善の対応策を考えましたのでご安心ください！

我々はどうやって自分の心を隠蔽しているのか。

高校生の小論文を思い浮かべてみると話が早いです。小論文を見たことがないという人は、小泉進次郎のスピーチでも構いません。隠蔽のコツは

1 なにか言ってそうでなにも言ってない
2 過度な一般化
3 自分は客観的な存在だと思い込む

です。それぞれの隠蔽テクニックを解説します。

【解説】 1 **「なにか言ってそうでなにも言ってない」道**

日本の伝統文化、茶道、華道、剣道などと並んで、「なにか言ってそうでなにも言ってない」道もあるのではないかと思えるほど奥深く、多くの人が熱心にその道を追求している道です。例えば近年多く見られるのが、何か多様性ブームを広告に取り入れようとしたものの、多様性について真っ向から考えたこともないし自分の身に引き寄せて考えたことも一度もない広告代理店のコピーライターの方が、できる限り何か言ってそうな感じを最大限に出しつつ何も言っていないコピーを作ることに心血を注ぎ込んでいるケースです。私が「道を熱心に追求していらっしゃるのだなあ……」と感じ入った例としては、服飾広告のコピーで、

あなた自身を表現せよ

と書いてあったものなどです。服を買う人はその時点でそういう気持ちは明らかに存在しているので余計なお世話ですが、「なにか言ってそうでなにも言ってない道」としては、余計なお世話を大きな文字で堂々と印刷すると、何も言っていないからこそ、かなりの「言ってる感」を演出できるという大きなアドバンテージがあるのです。これを模倣する形で例えば車の広告で、

ここではない場所に行きたい

あるいは、

歩くより、早く

など。どうでしょうか。日夜街中やテレビやインターネットで見かける「言ってる感」を簡単に演出することができました。コツは、主体意識を放り投げ、いかに当たり前のことを今リンゴの落下を目撃したばかりのニュートンのような心持ちで堂々と言うか、という点です。清々しいほど当たり前のことを申し上げて突き抜けることが「道」としての奥行きなのかな、とも思うのですが、その道でない者にはわからない「なにか言ってそう感」の真髄は奥深く、とても今ここに簡単に書き表せる密度ではありません。最近広告のコピーの炎上が相次いでいますが、広告のコピーを作っている方々は「道」を追求している集団なので外側の視点が全然わからないのでしょう。「こんなに何か言ってそうで何も言ってないのに、どうして炎上するのだろうか」と首を傾げていらっしゃるに違いありません。

【対策】 1 「なにかを言おうとしない」

わざわざ「なにかを言おうとしない」姿勢がとても大切です。高校教育までの常識で考えると、「えっ⁉ 何かを言った方がいいんじゃないの？」となるかもしれませんが、全ての表現においては学校の先生が褒めてくれそうなことを避けるのが正解です。わざわざ「言ってる感・やってる感」を出さなければならないのは無内容だからです。内容を解釈するのは他人なのに、わざわざ「言ってる感」のメッセージで装飾されていては解釈の邪魔になります。また作者自身が「これは他人事だ」と宣言しているようなものなので読む側も白けます。それでは、伝えたいことはどう伝えればいいのかと悩むかもしれませんが、単純に言ってる感を出そうとせずに、黙って伝えようとすればいいのです。場合によっては、伝えようとすらしなくてもいいのかもしれません。自分の感じたことに真摯でさえあれば。

以前、税務署の壁に小学生が税を褒め称えている作文が張り出されているのを見ました。大体文中のどこかに「この社会は税によって支えられているので、税はとても大切なんだと思いました」というようなことが書いてあります。これは「言ってる感」を出してしまったせいで内容がバカバカしいもの（内容を真に受けて解釈するに値しないもの）になってしまった好例です。それよりも、自分が生活する中で税をどう捉え、どう感じているのか、税に対するネガティブな感情も込みで語ることができれば、たとえテーマが「税」でもかなり読み応えがある文章になるはずです。小学生の税に対する赤裸々な文章なんてどこでも読めませんからね。

【解説】②過度な一般化

過度な一般化とは。あなたの周りにもたくさんいると思いますが、例えばツイッターで悲惨な戦争のニュースの記事を引用リツイートして

「人類はいつの時代も愚かだな」

と発言しているような状態です。だから？　なんでしょうか。これも、なにも言っていない為に、かなりの「言ってる感」だけが出ています。恐ろしいことに、自分の心を隠蔽する訓練を受けすぎると、なにか表現をしたいと考えた時にこういうことをやってしまう（こういうことしかできなくなる）のです。筆者が美術大学にいた頃に東日本大震災が発生したのですが、筆者は映像学科の学生だったので同学科の中にもビデオカメラ片手に被災地にドキュメンタリーを撮影しに行く人が結構いました。し

かし面白いものはありませんでした。それは被災地を単に「今信じられないくらい悲惨な出来事が起こっている場所」と一般化した上で、「(過度に一般化された)被災地の哀しい現状とそれにリアクションをする自分」というテーマで映像を撮っていたからです。言ってしまえば、爆盛りのラーメンと自分が並んでいるサムネイルを編集している YouTuber のようなものです。だったらリアクションしたい人の為に爆盛りを用意してくれているラーメン屋に行った方が態度としてはよっぽど誠実です。根本的に、リアクション待ちをしていない場所や人物をリアクション自撮り目的で取材するのはとても失礼です。どうしてリアクションに頼ってしまうのか。それは、リアクションをするだけならば他人事でいられるからです。心を使わなくてもいいし、自分の心を使わなければ安全に「やってる感」を演出することが可能です。

どれだけ多くの哲学書を読んだとしても、それを自分の体験や感性に引き寄せて語ることができなければ、表現においてはなんの意味もありません。

【対策】②自分を納得させる為に行動を起こす

そもそもの問題は、**自分にとっての問いが立ってないのに、なにかをやろうとしている**(やっている感じを出したいから）点です。

小論文の締めくくりが、

「私たちはこの問題をこれからも考え続けなければならない」

になってしまうのも、本人が問題を他人事だと思っているからです。なぜ他人事になるのかといえば、

・自分自身は何を問題だと思っているのか、どうすれば自分の心が納得できるのか

という、何か行動を起こす前に必要な、自分自身に対する問いかけをほとんどの人がやっていないからです。ほとんどの人がやっていないということは、今からそれをやるだけで内容の面白さランキングのかなり上位に行ける可能性が高いので絶対にやった方がいいです。

- **考え続けなければならない**
- **問題視されている**
- **一人一人が問題意識を持つことが大切だ**

などが、高校生の小論文の頻出ワードです。何か考えている雰囲気を演出しているので何も考えていない人の中では賢そうな感じにも見えますが、一方で自分自身の問題意識を持って真面目に考えたり行動をしている人からは何も考えていないのがどう見てもバレバレです。学校内ではこういった関心ある風無関心が通用しすぎてしまうのですが、世界中のありとあらゆる本気のエンタメや表現に日々接している一般社会の人々にはどう考えても絶対に太刀打ちできないごまかしなので、今すぐにやめた方がマシです。以前も書きましたが、やってる感を出したいが為に月に行こうとした前澤氏が抱えている問題（自分への問いかけ不足の結果、退屈なことを大げさにやってしまった）もこれに該当するでしょう。

【解説】 **3自分は客観的な存在だと思い込む**

これについては、もはや解説は不要かもしれませんが、どんな人でもついつい自分がどこか客観的な存在であるかのように振る舞ったり思い込んだりしてしまうものです。しかし、少なくとも客観的であろうとする態度は自分の主観や一方的な物事への解釈の姿勢を強く意識しないと取れません。主観的な解釈を強く意識をする為には、やはり多くの知識が必要です。知識が多ければ多いほど自分の視点の独自性に自覚を得やすくなりますし、同じ体験から得られる感情や問題意識も飛躍的に増えます。そういった、少しでも視点を広げようとする試みの一切を放棄し、生まれつき客観的に物事を観察する才能に秀でている特別な存在だと思い込んでしまう態度が、どれほど自分をつまらなくさせていることか。自分は生まれつき客観的な存在だという態度の人物に「それはとても主観的な態度だよ」というヒントをくれる人はいないので、もし心当たりがある場合は速やかにやめた方がラッキーなことが多いです。

【対策】③知識を増やす

自分が客観的な視点を持っているという設定で物事を語りたがる人は、あまり知識がないので「三大欲求は人間の本能だ」などの発言をします。単純に何かを題材にしたいと考えた時点で題材について周りの人が驚くほど調べまくることで、変に自分だけは客観的だという自分自身の思い込みを相対化することができます。なぜなら、調べれば調べるほど自分はまだ何も知らないということに気がつくことができるからです。何かを作品のテーマにしたいと考えた場合、大体五十冊くらいの本を参考にすれば（※全部読まなくていい）このような問題を防ぐことができます。五十冊はちょっとと思う場合は十冊くらいから始めてみてもいいでしょう。十冊でも多いと感じる場合は、最早表現などという手間暇がかかることはわざわざやらなくてもいいんじゃないだろうかと思います。表現以外にも楽しくて素敵で掛け替えのないことは沢山あります。

【まとめ】この世＝毒の沼地

言われてみれば、どれだけ自分の心や主体性を隠蔽したまま行動を起こそうとしていたのだろう、と驚く人もいるかもしれません。しかしそれは当たり前です。なぜならば、（少なくとも日本の）社会一般は自分の心や主体感覚がないように振る舞った方が明らかに生きやすいし、むしろ心があることが、つまり「言ってる感」ではなく本当に言っている、「やってる感」ではなく本当にやっていることがばれると、それなりのペナルティーを課されるからです。私は、世間というのは毒の沼地のようなものだと考えています。毒の沼地とは、テレビゲーム『ドラゴンクエスト』シリーズに出てくる、歩いているだけでダメージを受ける地形のことです。心があるように振る舞う限り、この世は毒の沼地ばかりとなるので、心を隠蔽するのは当然です。隠蔽するのが当然なので、隠蔽していることすら大半の人は無自覚になっています。ところが、心の隠蔽と他人の心を動かす表現は同時に成立しないので、面白いと感じてもらう可能性がある表現をする為には少なくとも自分が適応のために普段は心を隠蔽しているし、その態度でなにか表現をしても「言ってる感・やってる感」にしかならない、という事実を自覚する必要があるのです。

個性ではないもの一覧表

・病気は個性ではない

改めてこんなことをお話しするのも大変辛いものがありますが、やはり病気は個性ではありません。病気は病気です。むしろ病気になっている人は、傍から見ると行動パターンや思考パターンが大体似通った感じになってきますので、当たり前ですが病気を抱えている人だな（その人ならではの人間性は埋没した状態に見えている）、という印象になります。一時期アウトサイダーアートという視点が流行しましたが、病んでいるからいい作品が作れるのではなく、いい作品を作れる人物がたまたま病んでいた（もしくは権威的な指標に沿う経歴がなかった）せいで、社会的な評価がされにくかったものをキュレーターが発掘したというのがアウトサイダーアートです。つまり、社会的な困難さがなければ、単に良さ、実力のみですんなり評価を受けられていた筈で、困難さは残念ながらやはり困難さでしかありません。抱えている困難な問題や状況が、時に人の心を強く揺さぶる説得力をもった表現として結実することがあるのは確かな事実ですが、それは本人が困難な状況からよりよい人間としての生を追求する生命体としてのエネルギーが人の胸を打つのであって、困難さに甘んじて同情をされたがっているようなさもしい人間の表現がそんなに強く胸を打つことは通常ありません。前を向くのも難しいほどの悲痛な困難や絶望に同情してもらいたい気持ちはとてもよくわかるのですが、やはりそれでも前向きに、なんとか状況をよくしようと精一杯葛藤している人間の方が同情ですらされやすいものです。むしろ同情なんかされてたまるかと思って生きてやった方が、それこそ人生がマシだと私はこのように思います。

・老化は個性ではない

老化は個性ではありません。そもそも、今の50代以上の方には「個性」という概念が若者ほど強くはない（＝総中流的な横並びからの差別化よりも出世や社会的ステータスなど縦軸で差別化する意識が強い時代背景があった）ので「個性的」になろうとしている人もそんなにいない気がしますが、しばしば「年齢を重ねた分、何者かにならなければならない」という強迫観念が暴走してしまっている方もいらっしゃいます。それは「個性」を得て好きなことで生きていかなければ生きている意味がない、と思い込む若者や中年の強迫観念と構造としては似ています。何者か、なんだかわからないけど、何かを成し遂げている大人物にならなければ人生に収まりがつかないのではないか、という老年期の強迫観念。恐ろしい点は、それが「個性」という言葉もなしに、ただ無形の強迫観念として現れてくるところです。それは、突然の自伝の自費出版であったり、なにかしらの「喰いもん屋」の開業であったり、あるいは。それが本当にやりたくてやっているならば何も問題はないのですが、「何かを成し遂げたひとかどの人物にならなければならない」という思い込みから発生した行動である場合、ほとんど「個性」にまつわる問題に近いことが起きていると言えます。

しかも年配者の間には「個性」という概念が一般化していないので、皆一様に似たような「ひとかどの人物感」をやりたがる、という問題が起きているのです。似たような人物とは。主に2パターンあります。それはビートたけし、もしくは所ジョージです。これを私は**「T or T問題」**と呼称しています。つまり、情熱のままに生きるカリスマアーティスト気質という狙いの人物が「夢を抱け」みたいな名前のアーティスティックなラーメン屋を開業するか、もしくは生々流転を旨として漂泊の日々を生きる退廃的な流浪者という狙いの人物がどこかで聞いたような名言botになるか、という方向性の違いです。

これらは余暇に行う自己実現としてはそれなりにやっている感じが得られそうであり若者の無理な個性探しの苦しみと比較すれば即時的に改善した方がいい問題とは思えません。

しかしせっかくの人生の余暇をそれっぽい振る舞いに費やし、なんだか達成されたのか達成されなかったのかもわからない微妙な命の読後感を得るくらいだったら、素直に自分を大きく見せようとせずにやりたいようにやった方がマシな可能性が高いとは思います。これは日本の政治家が、「死期を悟ったタイミングで自分の出身地に特に使い道のない豪華な箱物を何億もかけて作ってしまう症候群」に似ている気がします。絶対に失敗しないやってる感というか。学芸員の方が、日本の地方には建物だけが立派で展示品を買う予算が下りていないので空っぽの箱物美術館がたくさんあるということで嘆いていらっしゃいました。死期を悟って「やってる感」を演出したくなるのは理解できますが、とにかくガムシャラに「やってる感」を出しまくったところで、東京オリンピック誘致のような微妙に誰も喜ばない（うっすらはた迷惑だが誰も指摘できない）結果を招くことになります。なにか像を作ったり形だけ立派な箱物を作るよりも、既にある児童館に新しく絵本を入れてあげて喜んでいる子供や親を見た方が結果的に充実感があるような気がします。

老いを自己解決できない老人にも定年がこない職業、それが政治家です。若者は実は年配者のそういう感じに絶妙に気づいています。ただ、年齢差があるから言えないし言わないだけなのです。

・若さは個性ではない

歳を重ねることが個性ではないように、若さもまた個性ではありません。たまに「歳をとることが怖い、若さを失いたくない」ということで葛藤している方がいらっしゃいます。なぜ怖いのか、それは若さが失われると、それにともなって個性もまた失われるような強迫観念に陥っているからです。確かに若さには可能性がありますが、それは個性とは何ら無関係なので焦る必要はありません。若さを失っても、個性が失われることはありません。また、若いからといって特段個性が得られるということもありません。全くの別問題なのです。これらの緩やかな、しかし不可分に固く紐づいた二項目の混乱と混同には、「個性」の問題が常に若さと結びつけて取り扱われてきた根深い問題が横たわっているように思われます。

それは年配者に「個性」の表現は許されていないか、もしくは**「T or T 問題」**の範疇（休みの日に刀剣を磨いたり『サザエさん』の波平のごとく盆栽に勤しむ程度の「個性」）でしか生きられないかのように誤解されているという問題です。私も高校生くらいの頃は、そんな気がして将来に憂鬱な暗雲が立ち込めている気がしていましたが、それは全くの杞憂です。むしろ「個性≒若さ」という強迫観念や焦りから取ってつけたような「個性」を演出しようとすると、それがそのままSNSのbio欄に「日日是好日」「死ぬこと以外かすり傷」「朗々と…」などと書くことで必死に「感じ」(なにか特別な才能を秘めている大物っぽさ)を出そうとして変な付け焼き刃感・必死感が周囲の人間にバレた結果透明人間のように扱われる中高年になります。付け焼き刃で個性を演出しても周りの人間に透明人間扱いをされないのが若さの特権(「まあ……そういう時期なんだろうな」という受け取り)であって、個性それ自体は年齢とは無関係にあるものです。それはどうしたら得られるのかというと、当たり前のことですが、無理に何かを演出しようとはせずに、素直に自分がやりたいことをやっていると個性的な人間になります。それはランチバイキングの食べ歩きでもいいし、ソリティアでも構いません。本当にやりたくてやっている場合はそれが周囲の人間にもバレますし、素直にやりたいことをやっている人物は全身からいいムードがでるのでどこにいっても歓迎されます。闇雲に加齢を恐れるよりも、そうなることを目指した方が話が早いです。

・暴力は個性ではない

これもまた当然の話ではありますが、暴力は個性ではありません。暴力が振るわれる状況は多種多様ですが、その行動原理は常に「力の行使による他者の支配」でしかないからです。クラウゼヴィッツの『戦争論』によれば、「戦争とは暴力を用いた他者の支配」だそうです。

放出される力に大きい、小さいの差はあるのかもしれませんが、第三者から見た場合、放出されるものの背後に見える意図は常に一元的な発想からくる他者性の拒絶、でしかないのです。ところが、暴力をやる側は、これは、自分の意見という唯一無二の価値を世の中に敷衍するアーティスティックな振る舞いなんだという極めて殴りに都合の良い認識を持ってしまう場合があります。戦争でも小規模な殴りでも、大義名分を用意してその解釈の中に「個性」的なストーリーを見出してしまうせいでやっている行為自体がいかに画一的で陳腐か、というところに目が向かなくなってしまうのがこの世のよくあるパターンです。どのような語られ方が付随しても、暴力はシンプルに暴力ですのでそこに過剰なファンタジーを見出すのはやめておきましょう。

・薬物は個性ではない

泥酔している状態を一つの「個性」だと考えている方をたまに見かけます。「酔狂者」を自負しているようなインターネットユーザーも同じカテゴリーに入ってくるでしょう。酒に酔ったりあるいは薬物でラリっている状態は比較的「個性」に近いもの（態度・生活のスタイル）として取り扱われていることがあります。

なぜ薬物と「個性」が関係してくるのかというと、20世紀に人間社会の成熟度が今よりも低く、例えばキリスト教圏では同性愛が全く認められていなかった社会状況の中、少しでも自分の自分らしい人生を恢復したいという著しい動機を背負った人々（当時マイノリティーとして扱われていた人々）が、アメリカの西海岸辺に集まって主にドラッグに勤しみながら社会変革の夢を見ていた文脈や、それに連なる文化の影響があるからではないでしょうか。当時のマイノリティーの人々は、今の社会と比べて考えられないほど熾烈な抑圧を受けていました。同性愛を自覚した人が教会で誰にも見られないように泣きながら己の罪（同性愛を罪とする社会規範を内面化した意識）を懺悔するのが普通の光景であったそうです。したがって、産業革命以後の人間の労働生産性以外を認めず一切の個別的な人間性を封殺する社会に変わる全く新しい社会のあり方を夢想する必要があったのです。それは個人の情念・夢想の力で実現する規模の夢ではありませんから、ドラッグによって当時規範とされていた人間としての意識の範囲を拡張した領域で世界を創造する必要があったのでしょう。その後ヒッピーたちはコンピューターという幻覚を描画する機械を作り出し、本当に世界を変革させていくことになります。当時は今では信じられないほどの凄まじい抑圧がありましたから、それらの思想的活動は決死の覚悟で行われていたのでしょう。したがって、現代の人間性への著しい抑圧を受けていない人が似たようなことをやっても説得力がありません。

「泥酔」についてもこれに似ています。近代文学の作家が近代的自意識というものを全くのゼロから獲得していく過程で、例えばお金というものとの接し方、経済的合理性に濾過され人間のほとんど全てが除去された運動体を果たして人間として、自立する「個人」の規範として認めてしまっていいものなのか、当時としては非常に切迫した葛藤があったからこそ生活を愚弄する実践的格闘に凄みや重みがあったのです。

言ってしまえば「覚醒剤やめますか、人間やめますか」の後半部分を本気で実践していたような感じです。

今現在、なんの問題意識もなく泥酔・酩酊という上澄みだけをトレースしても、何かをこじらせている大人にしかならないのでやめておいた方が無難です。自分の中に理由がないことで個性を出そうとしても全て付け焼き刃にしかなりませんし、誰もわざわざリアクションをしてくれません。このような行動に走る人物は寂しいのだと思いますが、孤独感をより強める結果に陥る可能性が高いので、できればやめておきましょう。

・死は個性ではない

死んだ結果崇拝される人物はいますが、死は個性ではありません。死んだ人を崇拝している方は、(本当に当たり前のことですが）死が個性的だからではなく、死んでいる人は自分の理想を壊さないからです。つまりは悪い言い方をすると都合のいい状態になってくれたと思われているわけです。近年、市場で粗製濫造されている百円ショップ感の強い原田治グッズを見るに、死は個性を失わせる（死んでいるから当たり前なのですが）など、つくづく思います。

・無意識は個性ではない

別に悪いことではありませんが、無意識やレム睡眠状態の人間になにか特別な個性があるわけではありません。居酒屋などで割り箸の袋を無意識で弄んでいる人を見ると、大体完成形は同じような形になります。全員同じ社会規範の元で生活しているので、当たり前といえば当たり前ですが、無意識は個性的ではないケースの方が多いように思います。

・要するに

「〇〇は個性ですか？」とよく聞かれますが、それら一言で自己紹介できそうな全ての言葉は個性ではありません。何故ならば、個性とはあなたの中にあるものであって、それを何か世の中で取りざたされている言葉に当てはめて、紋所のように見せつけたところで、そこに現れている言葉はあなたの中にある、独自性の総体としての現れとは全く関係ないものに変質してしまっているからです。それは、ただ世間で話題になっている一般化された平坦な、それっぽいイメージにすぎない別の何か、とも言えます。あなたのあなたらしさに無理に名前をつけて誰にでもわかるようにする必要はありません。誰にでもわかるということは、誰も何も本当のところは理解をしていないということです。多くの瞬発的なリアクションを得るだけの為に、暗にそれ以外の自分を否定して自分で消してしまうのは辛いものがあります。キャラに合わないから、バズらないから。それがなんでしょうか。確かに、現代は人を取り巻く情報があまりにも多すぎるので、目に入った瞬間に理解でき一言で説明がつくものは何かと重宝されるかもしれません。そしてそれらは次の瞬間、全て忘れ去られるのです。誰も自分の代わりに生きてくれるわけではないのだから、自分に対して無責任な人の為にわかりやすい個性風の無にならなくてもいいのです。

正直個性論」Q&Aコーナー

【質問】　本をいっぱい読めば賢くなれますか？

【答え】

かしこ目的で本をいっぱい読んでも賢くなると思いません。逆です。「いっぱい読む」という目的意識で過剰に読みすぎるとアホになります。それは、何浪もして受験勉強だけやっていると、偏差値は上がるのに人間としてはアホになる現象に似ています。なぜならば、読んだ冊数よりもどれだけ自分から見える景色が変化したかが重要であるにもかかわらず、目的に沿って過剰に本ばかりを読みすぎると、あまり自分から見える景色に変化は起こらなくなってくるからです。ここで言う「アホ」とは、知識は多いのにそれらが自分にとってどういう意味を持つのかよくわからないまま情報の海で自意識が孤立して途方に暮れている状態を指します。

「読破」とか言って喜んでいる人も、楽しそうだからいいと思いますがどちらかといえばアホになりつつあるように思えます。本を破ったり倒したりする考えでは自分から見える景色は変わりづらいように思われるからです。

映画も本も漫画も、観ることや読むこと自体を目的化せず、好きに味わっているくらいの方が、結果的に得るものが多いのではないかと思います。

【質問】どうしても他人に嫉妬してしまって苦しいです。どうすれば前向きに考えられるでしょうか。

【答え】

全てにおいてそうですが、「自分がマシになるのが一番話が早い」というところがあります。これは何事においてもそうです。とにかく、自分がマシになるのが一番話が早い。嫉妬自体は向上心の現れなので、自分は頑張りたいんだなと前向きに捉えればいいと思うのですが、嫉妬心が認められずに、責任転嫁をする為に他人の粗探しをしたり炎上を狙ったりすると人生が最悪な地点まで転落してしまう危険性があります。あなたの嫉妬心を引き出してくれた人物はどのようにして能力やキャリアを積み上げているのでしょうか。参考にできそうであれば観察して取り入れてみましょう。また距離が近すぎて苦しくなってしまう場合にはそっと距離を置きましょう。相手の方も察してくれるでしょう。察してくれなかったり、むしろ距離を詰めようとしてくる場合は単純に（無自覚だとしても）その人物が自分に素直ではない生き方をしている可能性が高いので、そのまま生涯縁を切ってOKです。何度も言いますが、自分がマシになるのが一番話が早いのです。

【質問】好きな気持ちを言語化したいのに、どう好きなのか言葉にできません。

【答え】

近年の社会一般は「好き」という感覚を信じすぎているのではないかと思います。私は「好き」という感覚を全面的には信頼していません。実際、「好きかもしれない」「なんか気になって仕方ない」「すごい見ちゃう」ものの方が、頭で「自分はこれが好き」だと思っている対象よりも注ぎ込んでいる心のエネルギーは多いと思いませんか？

「好き」がいいもので「嫌い」が悪いものだという「感情二元論」が、私たちに「好きなものを語らなければならない、嫌いなものに対してはスルースキルを発揮させなければならない」という過剰なプレッシャーを発生させているように感じます。私は人間の心はそんなに単純ではないので、そこまではっきり「好き・嫌い」が独立しているものでもないと思うのです。

しばしば人気だが改善すべき点も抱えているコンテンツ（『あつまれ どうぶつの森』など）に対して、有志の手により「不満・問題点まとめwiki」というファンサイトが立ち上げられることがあります。その名の通り「不満・問題点」をまとめた作品内についてのwikipediaなので、ファンサイトというよりどちらかといえばヘイトサイトなのかもしれませんが、「不満点まとめwiki」を作った人たちほど熱心にそのコンテンツに向き合っている人もいないようにも思えます。「好き」も「嫌い」も、熱心になにかに向き合った時に生まれる心のエネルギーという意味では等価値です。

嫌いだから攻撃してもいいという、自分にとってのみ都合のいい一方的な合理化が問題なのであって、「嫌い」という感情は自分と対象の関係を把握するために見逃してはならないヒントだと思うのです。「好き」だけについて考えようとすると、どうしても心のおおよそ半分を覆い隠してしまうことになるので、「気になる」「考えてしまう」「この惹きつけられるエネルギーはなんだろう」と考える幅を広げていくことでもう少し言葉にしやすくなるのかもしれません。

何かに対してただ「好き」だけがある自分であろうとすると、同時に社会的にも「正しく」あろうとしてしまうので、余計に自分の心のほんとうのところを遠ざける羽目になります。

人を攻撃してはいけませんが、それとは別にあなたの内心は常に自由でよいのです。

【質問】　何を言っても自分の言葉になっている感じがしません。どうしたら借り物ではない言葉で喋っている感じが出るのでしょうか。

【答え】

私たちは日常会話をかなり雰囲気だけでやっています。日常的なシーンにおいては、誰も他人が本当のところは何を言おうとしているかを理解しようとはせず、会話をする前にお互いの脳裏をよぎっていた「言ってそうな感じ」の内容を各自がその場のシチュエーションに当てはめて自己解釈しているだけなのです。ですから、本当に目の前の相手と対話をしようと思った場合は日常会話とは別の、意図や思想を伝えていくための技術が必要です。同様に、自分の考えを自分のために形にしたい場合にも、実は技術が必要なのですが、あまりそんなことは知られていません。言語で考えているのだから言語化できるだろうと思ってしまうのが人情です。それもわかります。それでは、自分の言葉を獲得するためには何が必要なのか。具体的に言語化するためのテクニックを説明します。それは、

「定義付け」

です。用いる全ての言葉を定義付けしてください。具体例として、先ほどの質問（「本をいっぱい読めば賢くなれますか?」）を引用します。

かしこ目的で本をいっぱい読んでも賢くなると思いません。逆です。「いっぱい読む」という目的意識で過剰に読みすぎるとアホになります。（中略）「アホ」とは、知識は多いのにそれ

らが自分にとってどういう意味を持つのかよくわからないまま情報の海で自意識が孤立して途方に暮れている状態を指します。

ここで「アホ」の意味内容を明確にする行為が定義付けです。雰囲気で会話をしている日常のシーンではこういった定義付けは不要です。むしろ「経済的合理性に結びつかない全ての行為や思想や発言がオミットされ続ける過剰労働生産ワールドに異世界転生している」と考えると話が早いかもしれません。会話にはお互いに敵意がなく生活やビジネスを成立させるための差し支えない関係であることを示す目的があり、それ以上の内容は一般的に特には求められていません。

こういった、生存のための言葉ばかりで生活をしていると、極端な話、

「マンモスを追え」
「敵が来た、洞窟に逃げろ」

といった、生きのびるために必要な合理的発言しかできなくなっていきます。そうではない、

生活に役立たない人間の不合理な精神の現れについて話せるようになるには、合理性に切り捨てられたおおよそ人間の人間らしさを構成する98パーセントくらいの領域を自力で獲得していかなければなりません。その為の定義づけです。

自分にとってはどうなのか。因みに一見定義づけをしているようで、偉い哲学者などの言葉を引用しているだけの人は自分の言葉を得ることができていません。なぜならば、偉い哲学者などの言葉を引用して権威を纏うのは自分が生存する為の合理的な行動に過ぎないからです。不合理に向かわざるを得ない独自の肉体を持った切実さが織り込まれていないので迫真に迫る血肉が通った言葉にはなっていないのですが、そんなことは誰も指摘してくれないので本人は気がつかないでいるのだと思います。

他にも、

- **「具体例を出す」**
- **「言葉を作る」**
- **「解釈を前提に置き換える」**

などの技術があります。

因みに、なぜ私たちは日常会話を雰囲気だけでやっているのかというと、意味内容をどう解釈しても成立するファジーさが、日常の会話に円滑さをもたらしているからです。雑談が苦手で困っている人は大抵、ファジーに投げかけられた言葉を（相手の内実でその言葉がどのように成立しているかという個人的な事情を完全に無視して）無責任に受け取る行為が苦手、という誠実な方が多いです。そういう場合は、新聞の４コマ漫画を読んでいるときの解釈の感覚で話を聞くと雑談の成立のさせ方の塩梅を摑みやすいです。新聞の漫画は特定の方向に強度を持った解釈ができなくても成立するファジーな塩梅で作られているからです。参考にしてください。

【質問】「好きだけど苦手なこと」と「嫌いだけど得意なこと」。どちらを仕事にしたらいいですか。

【答え】 日々の生活の中で歯磨きが特に苦手な人はあまりいないだろうし、特に得意な人もあまりいないんじゃないかと思われます。ほぼ全人類が毎日やれているので、歯磨きはおそらく人類全般が比較的得意な行為です。私は文章を書くのが得意なので、書く行為自体が苦になるということはありません。むしろ普段人としゃべっている時も文章を書くときと全く同じことを脳内でやっているので、それをキーボードに打っただけで仕事になるなんて、得をしている気がします。

このように考えると、そもそも前提の「好きかつ苦手」「嫌いかつ得意」という分類にどこか無理があるような気がしてきます。無理というか、少し認識にバイアスがかかっている印象です。より身も蓋もない表現すればこのようになるのではないでしょうか。

- **「憧れるけど面倒なこと」**
- **「憧れないけど面倒じゃないこと」**

「憧れは理解から最も遠い感情だよ」というオシャレなセリフが『BLEACH』という漫画の中に出てくるのですが、まさにそんな感じです。憧れるけど面倒なこととは、例えば「漫画家になりたいけど漫画を描くのがめんどくさい」という感じです。一見おかしなことを言っているようですが、「漫画家になりたい」とは、「〝漫画家をやっている人〟になってみたい憧れがある」という意味なので特に矛盾はありません。つまり、前者の「好きだけど苦手なこと」については、「憧れているからこそ実務内容に取り組む自分がイメージできていない」とも言い換えられるので、そもそもその実務内容についてはやりたいことではない可能性もあります。

実際に漫画家の人はとても大変そうです。ほぼ外出もせず、睡眠時間を極限まで削って漫画だけをひたすら描き続けています。これだけでもかなり大変そうですが、いざ漫画を連載する前には出版社の人に漫画を何度も見てもらって企画が通るまで何度も漫画を描かなければいけませんし、商品として成立するように読んでくれる人にサービスができなければいけません。一部の人を除いて、読者が気持ちよくなるサービス精神で漫画を描き続けないと職業としては成立しづらいのが現状です。これは考えようによっては米国大統領より大変な職業かもしれません。こんなに大変な職業は本当に漫画を描きたくてもう既に描きまくっている人以外は目指さない方が幸せです。

では「嫌いだけど得意なこと」これを目指した場合どうなるでしょうか。「憧れないけど面倒じゃないこと」これは例えば「仕事として成り立つくらい、リサイクルショップで目についたものをメルカリに出品して適切な価格で売りさばき利ざやを得るのが得意」といった技能をイメージしたら具体的かもしれません。

これになぜ憧れがないかといえば、前者のパターンとは真逆で、実務内容を非常に具体的にイメージできているからです。こう考えると「嫌い」という表現は、業務内容ではなく「それをやっている自分が嫌い」という意味合いが強そうです。相手が人でも職業でもそうですが、自分から距離が遠ければ遠いほどいいところばかりが見えて素晴らしく感じられますし、近ければ近いほど、嫌なところが強調されてつまらなく見えてくるものです。

実際にアイドルグループ嵐のメンバーをやっていた方よりもアイドルになりたいと思って事務所に応募をしている人の方がアイドルという職業自体に大きな夢を抱いているのは言うまでもないことです。難儀なものです。夢はその後叶う叶わないに関わらず、現状でかなっていないからこそ夢としてあり得ているのです。じゃあどうすれば職業において「憧れられる素敵な夢いっぱいの自分」と、「具体的に得意で、常に集中して取り組める実務内容」の両立を測ることができるのでしょうか。結論を言うと、パターンは2つあります。

1 他人の夢のために生きる

現実的には、業務内容や雇用形態を問わずこの考え方でプロとしてやっている人が多いです。考えてみれば、世の中は他人の夢を叶えれば叶えるほどお金がもらえる仕組みになっているから当然です。とはいえ、本気で他人の夢を叶える為に集中力を発揮し続けることによって、結果的には自分の中に投影された大きな夢を一緒に見ることができるというのが人間の営みの最も素晴らしい点の一つだと私は考えています。

例えばこれは想像上の話ですが、嵐のメンバーをやっている方が、自分というアイドルをやっている人物は実はただの人間で、内面もつまらないし、全ては周りのスタッフが作り出してくれたイメージとファンの人が作り出したイメージを投射して成立させているだけのモニターのようなものなんだけど、それがわかっているからこそ途方もなく大きな夢をファンの人と一緒に見ることができる、というようなことです。

なぜこんなことが起こるのか、といえばそれは人間の脳が他の生き物にない特別な能力を持っているからです。それは、「フィクションだとわかっているものをフィクションだと理解しながら現実と同じ強度で受け止めて他者と共有することができる」という能力です。映画を観て心から感動することがあるのもこの能力の為だし、例えば宗教的な信仰を持っている人が、ある時、聖書に記載されている事実が科学的に検証された事実と異なることを突きつけられたとしても信仰の強度を失わずにいられるのもこの能力の為です。そもそも人類は宗教というフィクションを共有することによってより大きな社会化を達成することで繁栄をした過程があります。全員これが得意なのです。虚構には虚構の強度があります。

　したがって、あなたの中に夢がなくなって空っぽになってしまっても、熱意を持って仕事をすることで他者（それがどんなにささやかなものであっても）が抱いた憧れや夢という虚構を真に受けることで、内心で夢を抱いている時よりもさらに大きな強度で夢を抱くことができるのです。夢は二者間で共有されることによって、より強度を増し、あるいは生活の中に現れる現実的な実感を凌駕します。

　こちらはどちらかといえば職人的な考え方といえます。

②途方もない夢を抱き続ける

　上記のパターンとは真逆で、途方もない領域まで自力で夢を抱き続けるという考え方もあります。これは生きている限り夢の強度を膨張させ続けなければいけませんから、破滅と表裏一体になったリスキーな考え方ともいえます。マイケル・ジャクソンやウォルト・ディズニーの生涯を思い浮かべると話が早いでしょうか。このパターンを志すと膨張と破滅を繰り返すか、あるいは膨張の最中で亡くなってしまうこともある比較的デンジャラスな方法です。

ただし、②をやりつつ①の要素も兼ね備えることでリスクを低減させていくことができます。何度か例に挙げている前澤友作さんも元々②と①を両立させる志向の方ですが、近年は「お金配りおじさん」という形で②の性質をより強めようとしているように見えます。また、大きな社会制度の改革や人類を大きく発展させる為の技術（発想）革新、価値観を大きく変貌させる表現なども、こちらの考え方をしている人がいないと中々現れてこないので、自分の才能に自信があり途方もないことを成し遂げたい方には是非採用してほしいプランでもあります。SNSの徹底した普及により②の態度を貫く難易度はインターネット普及以前と比較してかなり上がっているように感じます。だからこそそんな人を見てみたい、という気持ちもまた人情です。

こちらはどちらかといえば芸術家的な考え方といえます。

【質問】　話がつまらないと言われます。どうやったら面白く話ができるようになりますか？

【答え】

元気を出してください。あなたがつまらないのではなく、場がつまらないからつまらないことを言わされる羽目になっているだけです。

「どうしたら文章が面白くなるのか」という質問に回答した文章でも書いたのですが、真剣に生きている人間の発言はどういう方向に転がったにせよ何かしら面白いものです。なぜなら発言の背後には独自の思想や迫真に迫るマジが現れているからです。マジは空気を読んで発言された正解不正解のあるゲーム内の発言と違って、正しくも間違ってもいませんし、解釈の余地があります。今日び正解不正解の枠内でゲームをやっていても面白いことは言えません。なぜなら、最先端の正解の態度がSNSで瞬時に共有される世の中になったので、かつてのバラエティー番組全盛期のように正解・不正解を知っている速度に差がなく、現時点でトップレベルの正解を出したところで「ふーん」と言う反応にしかならないからです。むしろ、正解・不正解の範疇で会話を繰り出している時点で、少し引いて状況を考えるとある意味では不正解になってしまっていると言えます。

つまらない場とは、このマジを禁止されている場のことです。予定調和の範囲内での発言を求められている場のことです。言ってしまえばこの世の大半がそうですが、実は予定調和の範囲内でマジを繰り出す技法があります。私が独自に編み出したものですが、これをやると飛躍的に人生が面白くなるので是非試して頂きたいと考えています。

〜〜〜〜世間話における対応例〜〜〜〜〜〜〜〜〜〜〜〜〜〜

人物「調子はどうですか？」

水野「昨日までは失望の崖にいましたが、今は絶好調ですね」

人物「えっ、何かあったんですか？」

水野「ワッハッハ（詳しく内容を話したい場合のみ話す）」

〜〜〜〜〜〜〜〜〜〜〜〜〜〜〜〜〜〜〜〜〜〜〜〜〜〜〜〜〜

こんな感じです。内容を解説すると、

水野「昨日までは失望の崖にいましたが（逸脱）、今は絶好調ですね（予定調和への回答）」

こんな感じで逸脱と予定調和への回答を同時に伝えます。

やり方は非常に簡単で、

①基本的に世間話には予定調和的な回答の正解パターンが同時に差し出されているので、
②予定調和的な回答のパターンを用意した上で
③それと対になるような逸脱を同時に返答する

という流れです。これは内容はなんでも大丈夫なので、昨日観た映画に強く精神を揺さぶられた話、SNSでムカつくことを言われた話、一日何もなかった話、など、もう予定調和の空間は壊れているのでなんの話をマジでやっても大丈夫です。

詳しく内容を話したい場合のみ話すのは、予定調和的な回答と予定調和から逸脱する回答を同時に差し出すという行いは過剰に人を喜ばせる可能性があるサービス精神が含まれた返答になるので、この返答を受けてサービスを受けるつもり満々の客のような態度になってしまう人物とはそれ以上の会話を繰り広げない方が無難だからです（そういった態度を取る人物は内心では密かにあなたのことを見下しています）。この時点で既に予定調和の枠組みは破壊されているので会話が終了しても問題ありません。このシステムはかなり幅広いシーンで応用可能です。

上記の会話例は誰でも採用しやすいように返答方法をパターン化してありますが、慣れてきたらこのパターンに従う必要もないので自由に会話を楽しむことができるようになります。

要するに日常における予定調和的な会話とは、コントのような小芝居です。つまりこちらも相手も小芝居に出演している役者のようなものです。これを念頭に置いて、小芝居の流れを成立させながら台本には書いてなさそうなことを言えばいいのです。そうすると、芝居は続いているのに、相手の方はその場で考えて対応せざるを得なくなりますから俄然場面が面白くなります。むしろうやうやしいくらい丁重に予定調和部分には回答するのがコツです。さらに予定調和に対応している部分も、予定調和から逸脱する部分も真剣さを貫くのが重要です。とっても楽しいので是非やってみてください。

【質問】「自分らしさ」がわかりません。どうやって見つければいいでしょうか。

【答え】

『正直個性論』を通して読んでいただくと大体見えてくる真実だとは思いますが、出そうとすると失われるのが自分らしさです。かといって、「生きてるだけで、個性」などの空いた口がふさがらなくなるほど救いようのない放言を述べるつもりもございません。肝心なのは、自分の「らしさ」を感じるのは常に他者であるという点です。他者が感じ取った「らしさ」が次第に集積して場面における自分という存在のそれらしさを形作るのです。昨今は、常にSNSによって共有された「らしさ」が常にその場の人間関係を構築する前提として読み込まれているので忘れがちですが、この「らしさ」は本来場を変えると通用しなくなって消失するほど自分の中にはないものです。スマートフォンを持ち歩いているから自分の「らしさ」も同時に持ち歩いているような錯覚に陥っているだけです。あまり深く気に掛ける必要もありません。と言っても、気になってしまうのが人情ですから、自分から滲み出る味わいをテイスティングする方法について考えてみます。

何が「らしさ」として滲み出て味わいを形成するのか、と言えば他人には理解されない部分です。どれだけ説明しても親に理解されなかったこだわりや、友達に話しても伝わらなかった学校の先生の面白いクセ、休みの日に空を見ていたら青すぎて落下死するんじゃないかと思うほど鬼気迫った感覚（こんなの誰にも説明しようがない）、など、周囲の人に理解されないのにあなたにとっては現実を噛みしめる実感として機能している感覚の一つ一つが、なんとも言葉にはならないあなた独自のらしさ、あなたの言語の外側に広がる世界の豊かさを形成しているのです。

したがって、自分の中で確かにあるのに、人には伝わらないことについて日々ノートに書き込んでいきましょう。肝心な点は、嘘をついてはいけないということです。ここでありもしないことを書いてしまうと今度は言語の外側にある心の貧しさが具現化されて他人に伝わってしまい、哀しい思いをすることになるでしょうから、やめておいた方が無難です。

【質問】友達が2人しかいません。自分の世界を広げるために、友達を増やした方がいいでしょうか。

【答え】

「自分らしさ」についての返答にも書いたように、自分の世界の言語外の豊かさとは、どれほど他人に理解されなかったかによって深まります。数学者の岡潔は「自他の区別がないのが宗教で、救いがあるがつまらない」と書いていました。この逆で「自他の区別があるので救いがないが面白い」ものがあなたらしさであり文学性です。人生には理解されない方が得な面もあるのです。そういった意味では、友達は0人でもオッケーです。自他の区別をなくして救われたい方は友達を増やした方がいいですが、そういった方は通常、友達を増やした方がいいかどうかで苦悩をしません。

【質問】自分が平凡すぎてつらいです。どうやったら自信を持つことができるでしょうか。

【答え】

平凡すぎるかどうかはあなた自身によって決まるのではなく、周囲の環境によって決まるものです。したがって、平凡であろうがそうでなかろうが、自信を持ったり失ったりする理由にはなりません。ただ、過度の均質化、読みたい本が全部 Amazon にオススメされてしまうような絶望は誰でも味わったことがあるでしょうし、このような苦々しさはたいへんよく理解できます。平凡さのようなものがどこから自分の内側に入り込んでくるのかというと、それは合理性、利便性、コストパフォーマンスなどです。金・時間・労力・移動などのコストを注ぎ込み続けることで、Amazon のオススメ欄に抗っていくしかありません。決意・決心はシステムに対してほとんど意味がなく、具体的な行動だけが自分の覚悟を際立たせ自信を与えてくれます。やるしかないのだと思います。

【まとめ】

ここまで考えを発展させていくと、現時点でのとある職業に対する内心の憧れの大きさは、少し俯瞰してロングスパンで考えると実は大したことではないのかも、と考えられるようになるかもしれません。そうなったらしめたものです。いかに自分にとって具体的に取り組めることで現実離れしたどデカイ夢をぶち上げてやるか、あなたのプランニング手腕が試されるところです。出身にかかわらずなにをしてもＯＫ、かつ無料で発信できるインフラが全世界に整備されている時代に生まれてきたあなたは既に最高の条件を手にしています。全世界が度肝を抜かれて腰を抜かすほど莫大な夢を描いてＯＫなのです。これはなんとも最高！ラッキーですね。

〈おわりに〉

私の魂が一人しかいられないと彼方から呼ぶ声のほうへ

卒業制作も出した。親は高い学費を払ってくれるという。あとは単位さえとれば、大学を卒業した人間になれるというところまで私は追い詰められていた。そう、追い詰められていたのだった。あぶなかった。あと一歩で「大卒」の人間になってしまうところだった。

予定調和を再生産し続けた果ての、表面的には何事もなく、スムーズに引っ掛かりなく進んでいった人生について。デザイナーズマンションのコンクリート壁のようにあらゆる心地がなくなった人生について。考えるだけで胃の裏が垂直降下しつづける。とほうもない恐ろしさがある。こういった恐ろしい心地も、今こうして人間らしい肌感覚を取り戻した地平にいるから味わえることであって、あるいはその先に自分の死体が転がり落ちている情景も容易に想像できる。ものの例えではなくて、大学を出ていたら25歳くらいで自殺をしていたのではないか。はっきりと見えてしまうものがある。なぜならば自殺をした方がマシだから。私は最後の人間らしさを振り絞ってそこに至る判断能力を行使できたはずだ。仮に判断に失敗していたとしても、その先にあるのは死よりも凄惨な光景だ。剝奪され終わったのちの私が連続的な気絶に耐え、それ以外の全ての意思と光を喪失し、ただひとつの救いのタイミングを待つという。それが死よりもマシな領域だと誰の口が言えるだろうか。耳鳴りがするよりもっと奥の方で「殺してくれ」という気持ちがずっと鳴っていた。それが当たり前になっていた。ある日、こんな耳鳴りに耐えるくらいなら自分から死にいった方が話が早いんじゃないかと気がついた。自分で殺してしまえばいいんだよ。知らないところから知らない理由で流れてきたパーツを受け取り、文脈と文脈を接続し続けることで現れてくる知らない人生の死体をあたかも、自分であるかのように振る舞ってみせる言われのない努力なんか放棄してよい。そこで死んだものは、なぜなら私ではないのだから。そう気がついたときにはずいぶん元気が出て性格が全体的に明るくなった。それからは、おおむね明るい性格で生きている。たまに極度の混乱に陥ってこの世全部の助からなさが猛烈に襲いかかってくることはあるけど、基本的には生きているだけで全てが最高に楽しい。生きていてよかった。

しかしそれだけの確固とした理由があったところで、それは私にとっての問題でしかないから、他人に伝わるような理由にも感情にも言葉にも理屈にも置き換えることができない。だから、どうして大学を辞めるのか、自分でも全く理解できず意味がわからなかった。こわかった。辛かった。たかがやめただけのことなのに裏切り者だ、狂人だ、人として終わり尽くしたと感じた。それでもそうするしかなかった。完全なる死の結論には耐えられないから。「違う」という著しい危機感だけが自分の身の上に迫り来る印象があった。がまんならなかった。これ以上生存を放棄したら「この私」はどうなるのか。なにもかもわけがわからないまま、何の資格も即日役立つ技術もなく常識もなく社会のルールもものごとの道理も常識も摑めない障害者の成人に成り果てたが、私の胸中には生きていることの果てしない喜びがただ満ちた。全ての人間が全員べらぼうにいい。無尽蔵に願ってもいないのに棚ぼた式にそうなり、嬉しい。ラッキーだ。

それは、もう二度とただ生き延びるお目溢しをいただく懇願のために、誰のためにもならない自殺を意識の継続する限りにおいて、試み続ける心の餓死をやめられるのだとわかったからで、こうなった以上はもはや死ぬことすら別にって感じ。肉体的な死を超える死、精神と肉体を完全に引き剝がして心も思考の波も魂もない荒れ狂った剝き出しの欲望に献身する苦悩を見た。まず死ななければ、まともに生きることすらままならない。それは、あきらめたり受け入れたり覚悟をしたり、かなしいな、うれしいな、と地味な情緒をそのままに味わうことで、そんなことすらも今のこの世は当たり前のように咎めてくる。

どれほどの価値を創出できるのか、ストーリーはあるのか、それはきらびやかで珍しいものですか？　うるせえな。いずれ死ぬんだからなんでもいいだろ。たいがいにしろ。ロケットを作り銀河系の果てまで遺伝情報を散布し無限に命を長らえさせ、無類のイケメン、美女になり、お金を配り賞賛の量を最大限増やさなければならないと言う。増やせない限度まで行ったら、今度は新しいフロンティアを拡大しろとか言ってくる。そんなバカげた話があるか。そんなものは一つもやらなくていいことばかり。クッキークリッカーでもやってなさいって話。達成感なんて、それがあらかじめ達成すべき課題としてご丁寧に与えられている時点でなにもかもまやかしである。ほんとうに自分にとって達成すべきことはまずやってみないとわからない。当初から示されているものなんてどこにもないではないか。手づから暗中に探し出さなければ意味がないではないか。自分の中のある属性に対する逃れがたさ、困難さ、カテゴライズに対する苦悩もそれはそれであるけど、そんなことよりも自分が自分であることの苦悩の方がよっぽど深刻でマジ。その根本的な苦悩からかたくなに目をそらしたまま、人生全体で自殺をするような生き方をこれ以上看過するのは尊厳に悖《もと》るだろ。なんにも持続なんかしてないんだから秒で生きるか死ぬかセレクトする他ないんだが。こんなことだから反出生主義のような価値観にも否定しきれない一定の合理性が生じてしまうんでしょうが。だってそのほうがいっそマシな可能性あるからね。私は今もって尚あきらめていない。なんでだよ。あきらめろ。バカと思うが、死んでもいいだろうと思った以上、無謀なチャレンジに挑むチャンスが与えられたって全くおかしくないではないか。私は人間の生存をマシにしたい。なにかおかしいことを言っているだろうか。全部をマシにできると思わないが、少なくともマシめなフィールドを増設できないか試みるくらいはアリだろ。今この瞬間も死んで構わないという決意が嘘でも本当でも無いところに満たされた地平で私が死に終わるのをとどめてくれている。「バカ、やめろ」この二語を言えた方がいい。難しいことを考える必要はない。バカな行いを即やめる。人間やってる雰囲気を塗布するために用いられる哲学に走らなくてもいい。

さまざまな時代の哲学者や思想家や研究者や文学者の人々が同じようなことを言っている。「自由は必然の中にしか生じ得ない」と。こうも言い換えられる。個性は必然の中にしか生じ得ない。必然とは、まぬがれられなかったものをまぬれなかった先にひろがっていく地平のことだと思う。私の魂が一人しかいられないと彼方から呼ぶ声の先へ。全てを受け入れなくてもいいが、全てからまぬがれる道理もまたない。命は、愛は、心は、怒りは、悲しみは、救いは、宿命は、天命は。全部そうだと思う。

父へ

水野しず
（みずの・しず）

イラストレーター／POP思想家

1988年、岐阜県多治見市生まれ。武蔵野美術大学造形学部映像学科中退。ミスiD2015グランプリ受賞後、イラストや文筆を中心に活動。noteで連載中のマガジン『おしゃべりダイダロス』は、誰も言ってくれないことを鋭く言い当てながらも、軽快に読める気さくな文体で評判に。近年は短歌でも独自の表現を追求し、私家版歌集『見て見ぬフリをされるのに失敗』『試着室から出てきた人みたいな雰囲気で生きる以外のやり方を私はまだ知らない』を発表。著書に『きんげんだもの』（幻冬舎）、『親切人間論』（講談社）。

正直個性論

2024年6月10日 第1刷発行

著者：水野しず

発行者：小柳学
発行所：株式会社左右社
〒151-0051
東京都渋谷区千駄ヶ谷3-55-12 ヴィラパルテノンB1
https://sayusha.com/
TEL 03-5786-6030
FAX 03-5786-6032

ブックデザイン：森敬太（合同会社 飛ぶ教室）
写真：北園莉奈子
編集：三上真由（左右社）
印刷所：創栄図書印刷株式会社

ISBN 978-4-86528-412-6